Verdades de la Ilusión

Belangela G. Tarazona

Derechos de Autor

Portada: Amedeo Modigliani (1884-1920), Alice, 1918. Cortesía de Statens Museum for Kunst, www.smk.dk
Copyright © Belangela G. Tarazona 2014
www.bg-tarazona.net
ISBN 978-8799737918

Contenido

Cita en el Confesionario y Otras Calamidades

—PADRE, HE pecado.

—Confiesa hija mía.

—Me robé unos mangos, no hice la tarea y le pisé la merienda a Nazaret.
Me apuré a confesar todo de un golpe por temor a que se me olvidara algo.

—Al robar, violaste el séptimo mandamiento de la ley de Dios. Dejar de hacer la tarea no es pecado, sino pura flojera. ¿Por qué pisaste la comida, sabes cuanta gente se muere de hambre en el mundo?

—Mire, padre ella empezó. Nadie la mandó a tirar mi bulto en la papelera —dije con la cabeza gacha. Los mechones de la pollina me cubrían parte de la cara.

—Hija mía, el buen cristiano no guarda rencor. Si quieres ser perfecta, lee Mateo 29 y reza tres padrenuestros. De corazón, ¿eh? De lo contrario, no comulgues.

—Padre, usted quiere decir Mateo 19, ¿verdad?

—¡Ma-te-o 29! —recalcó él irritado—

—¡Ve con Dios hija mía!

—Amén, padre.

Fui a arrodillarme en el reclinatorio, al lado de la abuela Piedad y procedí a rezar.

Padre nuestro que estás en los cielos,
Santificado sea tu nombre,
Venga a nosotros tu reino...

—Caridad, espero que no se te haya olvidado nada. —escuché a mi abuela susurrar.

—No abuela, le dije todo al padre.

**

Me dio la impresión que mamá tramaba algo, por la manera como entró en nuestro cuarto. Magdalena, mi hermanita de ocho años y yo, estábamos sentadas en el suelo jugando a la maestra con unas muñecas viejas que nos regalaron años atrás. Nos imaginábamos que estábamos en el salón de clases y las muñecas eran los alumnos.

Mamá estaba parada allí, mirando alrededor, luego caminó hacia la mesita de noche.

—¿Qué están jugando? —preguntó al final.

—A la maestra. —respondió Magdalena, mientras agitaba la muñeca que tenía en la mano.

Mamá asintió con la cabeza y siguió

mirando alrededor.

—Caridad, —dijo mamá— tenemos que enviar a Dolores a casa de la abuela Mildred. Tú sabes, para que le haga un poco de compañía. El problema es quién acompaña la abuela Piedad para la iglesia los domingos. Lo hablé con ella, y está de acuerdo en que tú serías la persona más indicada, ¿qué te parece? De recompensa, te damos cinco centavos. —remató.

—¿Qué pasó con la abuela Mildred, está enferma? —pregunté inquieta.

—No, no. Es solo que la abuela Mildred necesita compañía y Dolores aceptó estar con ella por un tiempo. Otra cosa, si aceptas ir a la iglesia con la abuela Piedad, también deberás ayudarla con las bolsas de la compra.

—Por supuesto que me encantaría. — dije sonriendo.

—Qué bueno que quieres ayudar. — acotó mamá con cierta expresión de alivio— Entonces quedamos en que eres tú la que va con la abuela Piedad a la iglesia a partir de este domingo. —dijo mientras se dirigía a la puerta. De repente se detuvo y anunció:

—A propósito, también debes confesar tus pecados, ¿está bien?

—Sí, bueno Dolores me contó una vez cómo se hace... —me apuré a decir para ocultar mi ignorancia.

—Cualquier cosa le preguntas al padre. Le dices que es la primera vez que te confiesas y seguro que él te ayuda. —Dijo mamá en tono tranquilizador.

Luego le dio un par de veces con los nudillos a la puerta y desapareció por el pasillo. No sin antes dejar atrás la tenue fragancia de rosas y narcisos de su perfume "Je Reviens".

—¡Felicitaciones hermana! —dijo Magdalena sonriendo, mientras me sacudía el brazo.

—¡Imagínate! Ahora eres tú la que acompaña a la abuela Piedad a la iglesia, eso es grande, ¿no? Dolores me dijo que, si a uno le daban responsabilidades, era porque uno empezaba a madurar.

—Gracias Magdalena —le dije sonriendo— Mira, no se... yo pensé que una maduraba cuando le venía la primera regla.

—¿La primera regla?

—Sí, tú sabes cuando a una sangra cada mes. Pensé que ya tú sabías... —dije encogiéndome de hombros.

—¿Y cuando le viene a una la primera regla?

—Mira, no sé. Eso viene cuando viene, me imagino...

Magdalena miró la muñeca que tenía en la mano y me preguntó:

—¿Será que nos vamos a la cama? Mañana es lunes y tenemos que levantarnos temprano.

—Mira, tienes razón, pero primero

tenemos que ordenar el cuarto —le dije con solemnidad fingida—, luego empecé a hacerle cosquillas y empezamos a recoger los juguetes.

**

Una vez en la cama, y ya envueltas por la oscuridad, empecé a preguntarme qué pasó entre Dolores y la abuela Piedad, porque era ella quien siempre la acompañaba a la iglesia.

Dolores tarareaba los cantos cristianos a donde quiera que iba. Además, recogía dinero para el grupo de caridad y hasta le dieron permiso de participar en la coral.

Yo no tenía ni la mitad de las credenciales de mi hermana mayor, pero heme allí con la oferta que también significaba subir un escalón en la jerarquía familiar.

Me estaban dando la responsabilidad de escoltar al miembro más viejo de la familia a la iglesia.

—Espero que la abuela Mildred no esté enferma. —murmuré tratando de quedarme dormida.

No voy a negar que me había asustado un poco lo de confesar los pecados. Yo había leído la santa biblia, porque la había como un libro de historias, así como La Eneida, Los Nibelungos, Don Quijote o Ivanhoe.

El hecho de abrir cada uno de esos libros

era equivalente a perderme en otros mundos. Era como un viaje estático a sitios que creía reales y con los cuales soñaba visitar algún día.

Tan pronto como había terminado el libro que estaba leyendo, empezaba a leer otro y otro. Cuanto más leía, más crecían las ganas de seguir leyendo. Eran libros de los cuales no entendía la verdadera esencia, que agarré muchos años después. De tanto leer esos tomos, terminé hablando como el Quijote, lo que generaba las burlas de mis compañeros de clases.

—Piedad, ¿por qué hablas como una vieja? —Me había preguntado Nazaret, en tono burlón, mientras Thea y Daniela asentían cada vez que Nazaret abría la boca, igualitas a un perrito faldero.

La voz de Magdalena me trajo al presente.

—Caridad, imagínate todas las chucherías que te puedes comprar con cinco centavos a la semana...

—Mira, ¿sabes qué? Lo primero que me voy a comprar es un refresco bien frío.

—¿De qué sabor? ¡No me digas, uva. Apuesto a que es de uva!

—¡Claro hermana! Tiene que ser de uva, lástima que no lo pueda compartir contigo. — Le dije en tono de disculpa, mientras me subía la cobija a la altura de la barbilla.

—No te preocupes hermana, algún día...

—Si, algún día hermana. Buenas noches.

—Buenas noches.

Los pensamientos me asaltaban como millones de burbujas de jabón que alguien invisible me soplaba, mientras trataba de quedarme dormida. Pensé en Nazaret y sus bromas pesadas, pensé en la oferta de mamá, el refresco de uva y Dolores.

**

La abuela Piedad salió, con la toalla sobre los hombros, se puso un par de gotas "Jean Naté" detrás de las orejas.

«Después de todo, es una cita con Dios», pensó mientras terminaba de acicalarse y así justificar la validez de su ritual.

Luego se deslizó el vestido por la cabeza, como si fuera una franela, tomó una leve capa de Brylcreem que se aplicó sobre el cabello y luego lo cepilló hacia atrás. Le dio un par de vueltas a la cola de caballo y la ató en un moño debajo de la nuca.

—Caridad, me encantaría verte con el suéter rojo cuello tortuga y la falda verde de estampados. ¡Te luce tanto!... —dijo la abuela con voz zalamera desde su cuarto.

La falda estaba hecha de poliéster y era muy corta, lo cual acentuaba mis piernas de flamenco. Además, corría el riesgo de encontrarme en la iglesia con alguien del colegio. ¿Qué tal si ese alguien era la mismísima Nazaret? Mejor dicho, el verdugo Nazaret.

«Será que me mudo a la luna, porque quién aguanta la burla si Nazaret me ve enfundada en esa falda», pensé sacudiendo la cabeza.

No tenía caso explicarle esas cosas a la abuela Piedad, porque la cita era con nuestro señor y para la misa se va con lo mejor.

—No es por nada, pero parezco un duende con esta ropa. —Musité viendome en el espejo.

—¡Apúrate Caridad, que no tenemos todo el día! ¡Acuérdate que yo no camino muy rápido! ¿Hiciste la lista de pecados?

—Síí abuela, ¿quieres escucharla?

—No, no déjaselo al padre.

Ni siquiera eran las ocho de la mañana y una ola de calor nos golpeó al salir a la calle. Era una mañana sin nubes, azul intenso, lo cual era inusual en La Neblina. Parecía que el mar había intercambiado puesto con el cielo. No pude evitar echarme una mirada de arriba abajo e imaginarme cómo se pondría el calor a eso de las doce, cuando saliéramos de la misa.

«Y yo, con esta ropa puesta», pensé. La iglesia del pueblo queda a un lado de la plaza Bolívar. A la derecha está flanqueada por el campanario y la casa parroquial. La cúpula se deja ver a mano izquierda, ribeteada por una columna de palmeras que están alineadas contra la pared blanquísima. Tres portones de caoba conducen al creyente a la nave principal que está dividida en dos filas de sillas con reclinatorios.

La abuela Piedad prefiere sentarse en el ala derecha, porque está cerca de la capilla del perdón y al pasillo de salida.
Como ella misma dice: «Uno nunca sabe cuando debe dejar la misa antes de tiempo».

—Padre, he pecado.

—Confiesa, hija mía.

—Me comí todo el adorno de una torta que mi abuela Piedad le estaba cuidando a la vecina.

—Una torta que tu abuela Piedad estaba cuidando, ¿cómo eso? —Preguntó el padre con tono incrédulo.

—Era el cumpleaños de Chepo, y la esposa le organizó una fiesta sorpresa, pero para evitar que él se diera cuenta de que ella estaba tramando algo, le pidió el favor a mi abuela que le cuidara la torta. —dije haciendo una pausa y miré hacia la ventanilla del confesionario a ver si el padre me estaba escuchando.

El padre me indicó con una seña que continuara.

—Mire padre, sepa que la vecina es repostera y aquella torta era un panqué húmedo, adornado con una crema brillante de puro chocolate... ¡Todo era de chocolate! —repetí para darle énfasis a la tentación a la que fui expuesta.

—Empecé con un simple roce en la base de la torta, y ya no pude parar hasta que raspé lo que quedaba en el tope.

—¿Qué pasó después?

—La abuela Piedad y mamá se pusieron furiosas. Me dio mucha vergüenza tener que explicar que me había comido todo el adorno. La vecina lo tomó muy bien, porque al final de la fiesta, se presentó con un tremendo pedazo de torta. Sepa que ni mi mamá, ni la abuela me dejaron tocar un pedacito, con la excusa de que ya yo había comido suficiente, ¿no le parece injusto padre?

—Reza tres padrenuestros. Te tengo que dejar, porque la misa está por comenzar.

—Amén padre —dije y me fui a rezar a lado de la abuela Piedad.

Al fondo se escuchaba el coro cantando.

Te presentamos el vino y el pan. Bendito seas por siempre Señor...

El padre dedicó la misa a los que murieron ese mes y al final dijo: «Pueden ir en paz».

La abuela Piedad y yo casi habíamos ganado el final del pasillo, cuando unas damas que se hacían llamar miembros de la Legión de María la pararon para hablar un rato.

Las damas se referían a otra señora, que al parecer se había fugado con un miembro de la iglesia, abandonando marido e hijos.

Aburrida por lo *"piadoso"* de la conversación, decidí observar los íconos que adornaban las paredes de ese lado del pasillo. A las doce sonaron las campanas, indicando que ya la misa había terminado y nos fuimos a casa.

El cuello me picaba debido al calor y llegando al cementerio, hicimos una parada en la bodega de Tito.

Cuando entramos, Tito estaba envolviendo unos claveles blancos para una señora que se los iba a poner a algún muerto, porque al salir, se dirigió directo al cementerio.

—¿Por qué están allí? —le pregunté apuntando a un par de zapatos de hombre que estaban metidos en una de las neveras.

—No funciona, así que la uso para exhibir mercancía. —me explicó sonriendo.

—Ah...

—También tengo crema de zapatos, hojillas de afeitar y rollos de pabilo —comentó mientras hacía un gesto con la mano para abarcar todo lo que había en el local.

Le sonreí de vuelta y seguí mirando.

La bodega tenía tres refrigeradores dispuestos en forma de "U", que hacían una barrera para evitar que el visitante siguiera directo a la trastienda. En la pared del fondo, había dos hileras de repisas mostrando unas botellas con etiqueta roja en forma de triángulo que decía "Cacique". Debajo de las repisas, había otra vitrina llena de baratijas como la que exhibía los zapatos.

Continúe la inspección, hasta que la abuela Piedad, me trajo a la realidad, poniéndome cinco centavos en la palma de la mano.

—Son tuyos, compra lo que quieras.

—¡Abuela, gracias!

Observé las monedas que tenía en la mano y alcé la mirada para encontrar, tanto a Tito como a mi abuela sonriendo y a la expectativa.

—Un refresco, por favor.

—¿De qué sabor? —preguntó Tito ceremonioso.

—Uva, por favor. —le dije siguiendo el tono, mientras puse un centavo sobre el refrigerador que hacía de mostrador.

Los dos rieron al unísono.

—El refresco cuesta cinco centavos. —aclaró Tito con una sonrisa.

Se me cayó la quijada.

«¿Acababa de ganarme mi primer dinero, y ya tenía que entregarlo?», pensé, pero tenía mucha sed y si no pagaba el resto, no podría tomarme el refresco.

Le pasé el resto de las monedas y Tito me ayudó a abrir la botella.

**

Le dábamos gracias al señor por todo, especialmente durante el desayuno, antes de empezar el día. La abuela piedad servía bollos con mantequilla derretida y queso blanco rallado encima. Al parecer, cualquier ocasión era propicia para recordarme lo de los pecados.

—¡No olvides los pecados, escríbelos en alguna parte! —decía sin quitarle el ojo a los platos que estaba sirviendo.

—¡Yo sé abuela!

Al fondo, se escuchaba "Martín Valiente", la radio novela que la abuela no dejaba de escuchar cada mañana.

Gustavo y Magdalena, se unían en el tormento y me recordaban las ropas que tendría que ponerme para ir a la iglesia.

—¡Silencio, que no escucho! —nos regañaba la abuela, poniéndose el dedo en la boca, para que bajáramos la voz.

—¿Sabías que a Dolores le están saliendo los limones? —me susurró Magdalena con una sonrisa pícara.

—¿De dónde sacaste eso? Ella ni siquiera está aquí...

—Mamá le compró unos sostencitos de lo más coquetos. El paquete está sobre la cama de Dolores y mi tío Eladio se los va a llevar pasado mañana, que es cuando él va a visitar a la abuela Mildred. Estoy segura de que a Dolores le va a venir el período en cualquier momento, —agregó con cierto aire de adivinadora.

—¿Qué están murmurando ustedes dos?

¡Terminen, antes de que se les enfríe el desayuno! —nos ordenó la abuela.

Magdalena picó mi curiosidad y en la primera oportunidad que tuve, me metí en el cuarto de Mildred para ver los sostenes.

El paquete no estaba sobre la cama, pero no me costó mucho encontrarlos. Estaban en la primera gaveta de la cómoda.

Tal como Magdalena había contado, eran una verdadera monería. En realidad, eran una monería. Los había blanco, amarillo pálido, rosado y azul pastel.

Los sostenes tenían unos plises en el centro, para separar cada copa, además de unos adornos de canutillo a manera de lacitos y estaban rematados en los bordes con unas blondas diminutas, que le daban un toque muy delicado a la prenda.

Me enamoré del blanco, por el matiz nacarado que daba al ponerlo a contraluz.

Me llevé la pieza a la altura de mi pecho, para imaginarme cómo me quedaban.

—¡Detente Caridad! —me dije.

«Se van a dar cuenta», pensé, pero no pude resistir la tentación y corrí hacia el baño con la prenda escondida bajo el suéter.

Un vez en el baño, casi me arranqué el suéter y la franela que llevaba puesto y me puse el sostén, como había visto a mamá hacerlo miles de veces.

Traté de verme en el espejo, pero lo único que alcancé a ver fueron los huesos de la clavícula. Me monté en el borde de la poceta y apoyé la otra rodilla en el borde del lavamanos para poder ver el resto.

No se veía bien, porque la copa, al estar vacía, se arrugaba en el centro. Desde esa altura, tomé como pude un puño de papel toilette y lo metí entre mi pecho y el sostén.

—Mucho mejor... —le dije al espejo, mientras remedaba a mi hermana para darle más realismo.

Me hubiera quedado allí jugando, pero escuché ruidos de pasos y por temor a que alguien me encontrara, me vestí a toda carrera y salí del baño. Ahora llevando el sostén puesto y senos de papel.

**

Los ojos de la abuela Piedad eran como dardos. Me escrutaba, sin decir palabra. Estoy segura de que me miraba con la certeza de que yo estaba tramando algo, pero no sabía precisamente qué era, como si ella tenía visión de rayos-x. Me pasé el resto del día evitándola.

Al final de la tarde.

—¡La cena está servida! —anunció la abuela Piedad.

Cuando estábamos sentados alrededor de la mesa, la abuela se me acercó y sin más, metió la mano en mi pecho y sacó el papel higiénico, levantando el puño de papel a la manera de alguien que exhibe la evidencia del delito ante un tribunal.

—¡Mira esto! —exclamó la abuela Piedad incrédula.

—¿Caridad, estás usando los sostenes de Dolores? —preguntó Magdalena, sin poder aguantar las risas.

Gustavo ya se reía a carcajadas y yo no pude salir del asombro ante el asalto de mi abuela. Allí, frente a todos.

—¡Esto se lo cuentas al padre! —dijo la abuela Piedad y se unió a mis hermanos en las risas.

No contesté. Tampoco pude terminar la comida. La humillación me selló los labios. Atiné a levantarme y dejar el plato en el fregadero.

—¡Caridad, me planchas todas las camisas, si no quieres que lo cuente en el colegio! —exclamó Gustavo en medio de las risas.

**

—¡Tengo una pelota eléctrica! —Le comenté a mi amiga Eva en uno de los recesos.

—Apuesto a que la enchufas y salta sola.

—replicó Nazaret con las manos en la cintura.

Parecía que Nazaret tenía oídos en todas partes. Thea y Daniela, también se le unieron al coro.

—¿Sabes qué, Nazaret? No solamente salta, también tiene luces que cambian de color cuando rebota, ¿qué te parece? —le respondí desafiante.

—¿Y tú esperas que te creamos? ¿Por qué no la traes mañana y así le echamos un vistazo?

—¡Seguro! —Me apuré a decir—, También voy a traer una foto que me tomé con mi prima Nadia Comaneci, —insistí.
Eva me sacó del grupo que me tenía rodeada y me llevó a los baños. Una vez allí, se aseguró que nadie nos escuchara y me empujó contra la pared.

—¿Estás loca? ¡Tú no tienes ninguna pelota eléctrica! —Me amonestó Eva apuntando con el dedo.
Le aparté la mano y le dije:

—Mira, por supuesto que no, —suspiré preocupada de que alguien nos escuchara— lo que pasa es que no tengo pecados que contarle al padre esta semana y la abuela Piedad me tiene loca con que lleve una lista, por eso ando diciendo mentiras, de lo contrario no es un verdadero pecado, ¿entiendes? —y me apuré a decir— Mi abuela no cesa en su demanda.

—¿Qué es demanda? —Inquirió Eva con mirada ingenua.

—Olvídalo, ¿quieres? Ya no es divertido ir a la iglesia, porque mi abuela no me pierde de vista. —Dije con un sollozo.

—Y mientras tanto, las bichas esas te andan molestando, ¿sabes qué? recógeme mañana a eso de las 7 am. —propuso Eva solidaria.

—¿Mañana?

—Si, mañana camino a clases. ¡Aquí no podemos hablar! —insistió.

—Mañana es sábado. —agregué secamente.

—Claro, quise decir el lunes.

—Mira, voy a tratar de salir bien temprano y así, Magdalena y Gustavo salen de la casa por su cuenta.

—Nos vemos entonces... Ah, casi se me olvida. No toques el timbre, que a mi mamá no le gusta que uno moleste tan temprano. Entra por la puerta de la cocina, ¿ok? —dijo ella gesticulando como su mamá.

—Mira, tranquila que no se me olvida. ¡Feliz fin de semana!

En eso sonó el timbre, marcando que el receso había terminado.

—¡Gracias, igualmente! —le oí decir mientras se iba.

**

«A lo mejor se me pasó la mano con lo de la "prima rumana" Comaneci y la pelota eléctrica en el colegio», pensé.

No sabía si decirle al padre o no, pero de

todas maneras, tenía la impresión que la abuela Piedad se iba a enterar, si no lo confesaba. Ella no hace otra cosa que comentar acerca de cuan responsables somos de nuestros pecados ante los ojos de Dios.

Ahora mi abuela hablaba de los pecados a toda hora. Así que ese domingo, me fui directo a la capilla del perdón para salir de lo de los pecados.

Cuando llegué a la capilla, había una sola persona en la cola. Era una señora como de la edad de la abuela Piedad. Tenía puesto un vestido rosado pastel. El cabello parecía algodón de azúcar, como el que uno come en los parques de diversiones. Llevaba puestos unos lentes gruesos de montura de carey y noté que llevaba una bolsa debajo del brazo.

«Seguro que se va de compras después de la misa», adiviné.

Me acerqué e hice una pequeña señal de saludo. Las palabras se me atascan en la garganta, cuando estoy en presencia de extraños. Me imagino que la presión de tener que confesar los pecados, me ponía aún más nerviosa. Me sequé el sudor de las manos en la falda.

Mi turno llegó y le conté al padre lo de la prima, la pelota eléctrica y que odiaba a Nazaret con toda mi alma.

—¿No se te pudo ocurrir una persona menos conocida?

Ignoré la pregunta y continué:

—Odio a Nazaret con toda mi alma por tirar mi morral en la papelera y por hacer un infierno de mis días en el colegio.

—Hijita tú no la odias, estás confundiendo la "ira" con el odio.

—¿Qué es la ira?

—La ira es lo mismo que estar bravo, ¿entiendes?

—Mire padre, déjeme decirle que yo no "ira" a Narazet, yo la odio. El diablo es pelirrojo y su nombre es Nazaret.

Escuché ruidos en el confesionario, como si el padre se estaba riendo.

—¿Padre, usted se está riendo?

—No, no hija. Reza tres padrenuestros, de lo contrario no comulgues.

**

Amaneció lloviendo. Era una lluvia silenciosa, constante y densa. Era como ver granos de arroz cayendo de un saco.

«Dejamos la ventana abierta otra vez», pensé al ver el pequeño charco de agua que se formó al pie de la ventana. La cerré y me fui de puntillas al baño, me cepillé los dientes, y regresé al cuarto para ponerme el uniforme que descansaba sobre la silla, donde lo había dejado listo la noche anterior.

Bajé a la cocina y el olor a café recién colado me envolvió desde las escaleras. Mi mamá ya estaba levantada, la encontré sentada en el comedor leyendo un periódico acompañada de una taza de café.

—Bendición mamá.

—Dios te bendiga.

—¿Dormiste bien?

—Sí, ¿y tú?

—No tan bien —dijo con una pausa y luego agregó:— un dolorcito de cabeza que me está molestando... Me tomé una aspirina que ya está haciendo efecto.

—¿Mire, no será un virus...? —agregué, dejando la pregunta en el aire.

—No sé, espero que no, pero la llovedera trae de todo. ¿No vas a esperar a tus hermanos?

—No, es que me voy a clases con Eva, la vecina. Tú sabes... La hija única de los Restrepo —dije apuntando en diagonal a la casa que está en la esquina.

—Pero ella no está en la misma clase que tú, ¿No es así?

—Sí, es cierto, pero estamos en el mismo grado, solo que distintos salones.

—Ahh, ok... —asintió mamá y siguió leyendo el periódico, que en realidad nunca le apartó los ojos, al final preguntó:

—¿No vas a comer?

—No bueno, me tomo un vaso de leche y salgo...

—Acuérdate del poncho y las botas de hule para que no te mojes.

—Sí, sí gracias mamá. Bendición

—Dios te bendiga.

Me tomé el resto de leche que había en el vaso y lo puse en el fregadero.

—¡Lava el vaso! —dijo mi mamá sin levantar la vista.

—Sí, sí. —lavé el vaso y lo coloqué boca abajo para que el agua escurriera.

**

Entré por la puerta de la cocina, que estaba abierta y encontré a Eva sentada en el comedor desayunando un plato de sopa. Al parecer, no quedaba mucho ya que al verme, apuró el pedazo de pan que tenía en la mano, tomó el plato y lo puso en el fregadero. Mientras se sacudía las migajas del pecho, fue a lavarse las manos.

En el bulto entreabierto que estaba sobre la silla, pude ver el libro de castellano que nosotros también usábamos, una revista de historietas en cuya portada, me pareció ver a un hombre desnudo montado en un árbol cargado de manzanas y por último, algo muy similar a una caja de cigarrillos que decía "DERBY" en el centro.

De repente, Eva salió, lista para emprender camino al colegio. Cerró el bulto de un golpe y me hizo señas para que saliéramos. Ya fuera de la casa, abrió el bulto nuevamente.

—Mira lo que tengo aquí. —dijo con una

sonrisa pícara

Me acerqué para ver lo que estaba en el bulto y pude confirmar lo que me había imaginado que era.

—¿Tú fumas?

—Sí, ¿y qué? —preguntó levantando el mentón desafiante— Fumo afuera, cuando mi mamá y mi papá andan haciendo cosas en el cuarto.

—¿Qué clase de cosas? —pregunté aguantando las risas.

—¡No te hagas la boba! Tú sabes de qué estoy hablando... La otra vez escuché a mi mamá quejándose que mi papá se la pasa todo el tiempo montado encima de ella, pero que es inútil porque la bebida le mató el chorizo. —luego agregó con una risita— Mi mamá dice que «Hay más posibilidades de vida en la luna que entre las piernas de mi papá...».

—¿Y donde consigues los cigarrillos? —le pregunté más interesada en saber cómo se las arregla para que no la descubran, que lo que sucede en la alcoba de sus padres.

—Mi papá compra paquetes de a diez y como casi siempre se la pasa borracho, no se da cuenta de que le faltan cajetillas. Hasta ahora no se ha dado cuenta...

—¿Y qué vas a hacer si te descubren? —pregunté alarmada.

—No sé, ya veremos... —dijo encogiéndose de hombros— No vayas a decir nada, ¿ok?

—Claro que no, somos amigas. — repliqué medio ofendida por la insinuación.

Caminamos un rato en silencio, mientras las gotas de lluvia golpeaban los gorros de nuestros ponchos. A pesar de la neblina espesa, uno que otro carro levantaba abanicos de agua al pasar por los charcos de la avenida. Empecé a tararear.

—¿Qué canción es esa?

—Es la canción del señor de los cachos, es decir, Nazaret ¿quieres oírla?

Empecé a cantar sin esperar respuesta.

Belcebú Belcebú, pobrecito Belcebú
Pero, ¿quién es Nazaret?
Nazaret es Belcebú

—Perdóname, pero esa es la canción más ridícula que he escuchado en toda mi vida. Eso no tiene sentido, ni siquiera rima. — comentó Eva ahogada de las risas.

—¿Mira chica, y quién dijo que debía tener sentido? La canto porque quiero —dije encogiéndome de hombros, aguantando las risas.

—¿Nazaret se mete contigo?

—Tú misma viste una pequeña muestra de lo que hace. Me tira el bulto en la papelera, mi merienda ha desaparecido dos veces. Ella no quiere que las otras compañeras hablen conmigo...

—¿Por qué no hablas con la señorita Carlota?

—Mira, la señorita Carlota no va a hacer nada, Nazaret es su preferida.

—¿Y si la señorita Carlota descubre que Nazaret es una mala influencia para las otras alumnas?

—¡Imposible! Nazaret saca las mejores notas de todo el colegio, ¿cómo va a ser una mala influencia?

—¿Y si te dijera que no todo es lo que parece?

—No entiendo —dije desechando esa posibilidad.

«Nadie es perfecto», dice mi mamá todo el tiempo. —comentó Eva con tono enigmático y luego agregó— Una cosa es segura y es que a Nazaret hay que pararle el trote.

—¿Mira..., y eso que ustedes toman sopa en el desayuno? —le pregunté en un intento por cambiar el tema.

—Bueno, no sé, en la casa se come lo que hay, ¿y ustedes, no comen sopa?

—Si, tomamos sopa, pero no en el desayuno. Comemos bollos; a veces, arepas rellenas y otras tantas avena con leche, que dicho sea de paso aborrezco. —dije haciendo una mueca asco— ¿Será algo de tu familia del Táchira?

Eva se paró en seco y me encaró:

—¿Tienes algún problema con eso?

—Para nada, únicamente pregunté por curiosidad. —añadí sorprendida de su reacción.

—¿Estás segura de que no quieres hablar con la señorita Carlota? —preguntó retomando el tema.

—Mira, no quiero que la maestra piense que lo estoy diciendo por envidia, además, no tengo como probarlo.

—¡Ajá!, ¿mientras tanto, que Nazaret te siga tratando mal?

—Lo único que sé que si hablo con la maestra, me van a caer todos encima.

—Hay que hacer algo...

—Eva yo me consuelo con la canción de belcebú. —le dije riéndome.

—El papá de Nazaret lleva su carro al taller de mi papá y hasta nos invitó a cenar el domingo.

—¿Ustedes son amigas? —pregunté sin poder ocultar mi asombro.

—¡No pongas esa cara, por supuesto que no, Caridad! Mi papá quiere que lo acompañemos, porque el papá de Nazaret podría traer nuevos clientes al taller. —luego agregó en tono tranquilizador— Tan es así, que mi mamá tampoco quiere ir. ¡Créeme! Tú eres la única amiga que tengo, y eso no va a cambiar.

Asentí apreciativa.

—Por eso creo que deberíamos hacer algo. —insistió Eva.

—¡Tan linda!, por favor, olvídalo, ¿ok?
—le dije abrazándola brevemente.

—¿Cómo va el asunto de la iglesia?

—Mira, ¿qué quieres que te diga? Me dan cinco centavos cada domingo, pero estoy cansada de estar llevando la cuenta de todos los pecados que cometo. Así que de vez en cuando invento cosas para tener algo que decirle al padre, quien dicho sea de paso, no conoce la biblia. —le contesté feliz de cambiar el tema.

—¿Quééé, un padre que no conoce la biblia? —preguntó Eva incrédula.

—Mira, la otra vez dijo Mateo 29, —me reí y continué—, pero no existe Mateo 29 en la biblia, ¡por Dios! Otra cosa, él siempre me pide que rece tres padrenuestros; no uno, ni dos, sólo tres, siempre tres.

—Yo ni siquiera sabía que había un Mateo en la biblia, ¿cómo sabes tú esas cosas?

—Leí la biblia, eso es todo. —dije encogiéndome de hombros.
Ya casi estábamos llegando al colegio, cuando sonó el timbre de entrada.

—¡Apúrate! —comandó Eva.
Y apretamos el paso hacia el edificio.

**

—¿Nazaret, dónde está mi merienda?
—¿Qué voy a saber yo?
La agarré del brazo para asegurarme su

27

atención.

—¡Yo no sé! —dijo soltándose.

—Mira, ¿sabes qué? Estoy harta de que me estés escondiendo la merienda. Por última vez, ¿dónde está?

—¿Estás sorda? —hizo un gesto con la cabeza, como dándose por vencida— ¡No sé, déjame en paz! —gritó Nazaret dándome la espalda.

—¿Ah, con que estoy sorda...? — masculló.

Sin saber porqué, me fui directo a su pupitre, con la esperanza de encontrar mi merienda entre sus cosas. Busqué en la superficie, pero era obvio que no había rastro de mi almuerzo. De repente, vi su morral justo a un lado del pupitre y lo tomé.

Al verme hurgar entre sus cosas, Nazaret corrió hacia mí para detenerme, pero yo no estaba dispuesta a entregarle el morral sin antes buscar mi merienda. Empezamos a forcejear, y en una de esas cedí, ya que Nazaret haló tan fuerte, que el contenido del morral se esparció por el suelo.

Lo primero que atrajo mi atención fue ver una cajetilla que decía "DERBY" con letras azules. Tomé la cajetilla del suelo. Nazaret no hizo resistencia, se quedó parada allí con la boca ligeramente abierta y los brazos colgando, como hilos de telaraña en una casa de terror.

Empecé a recoger todo para

entregárselo, y mi sorpresa aumentó al ver que también había una revista de historietas, cuya portada mostraba a una vieja gorda, cuyos mechones rubios le tapaban los senos, una serpiente le trepaba por las piernas y una hoja de parra le tapaba el sexo. En la mano llevaba una manzana mordida, que la vieja le ofrecía al hombre que estaba trepado a un árbol de manzana.

—¡Hermoso! —señalé con ironía, mientras alzaba la revista por encima del hombro, exactamente como mi abuela había hecho con el papel toilette que me sacó del pecho unos días atrás.

—Me imagino que todo esto es tuyo... —dije, en tono burlón.
Estaba a punto de entregarle las cosas a Nazaret, pero alguien había llamado a la maestra Carlota, quien en ese preciso instante, se abría paso entre los compañeros de clases.

—¡Entrégame eso, quiero verlo! —gritó la señorita Carlota, extendiendo la mano para que le entregara la revista y los cigarrillos.
Le pasé las cosas a la maestra, mientras miraba a Nazaret.

—Es mi deber informar a la directora. No vamos a tolerar este tipo de cosas en el colegio. —anunció la maestra con solemnidad.

—¿Es cierto que todo esto es tuyo Nazaret? —preguntó la maestra con voz quebrada.

—Si estaban en mi mochila, deben ser míos. —respondió con un murmullo casi inaudible.

—¿Repite que no te escuché? —presionó la señorita Carlota.

—Son míos —admitió.

**

—Padre, he pecado.

—Confiesa, hija mía.

—Creo que sé quién fue el que le metió la revista de historietas y una cajetilla de cigarros a Nazaret en el morral.

—¿Qué clase de revista es esa?

—Mire, de acuerdo con lo que mi mamá me explicó, son historietas bizarras, medio groseras. Usted sabe... La maestra se lo dijo a la directora, porque lo considera una mala influencia para el resto de los alumnos y parece que la van a expulsar del colegio.

—¿Fuiste tú? ¿Esa no es la muchacha que tú dices que odias? —dijo la voz a través de la ventanilla del confesionario.

—No padre, no fui yo, y la verdad es que ya no sé si la odio...

—Si sabes quién puso la revista en el bulto, deberías decírselo a la maestra. A fin de cuentas, la chica es inocente.

—Nazaret no es inocente, padre. —me apuré a corregir.

—Tú misma acabas de decir que alguien le metió le revista en el bulto, ¿no es así?

—Mire padre: el otro día, Nazaret le ordenó a uno de sus perritos falderos que me sacara el zapato en la clase de gimnasia. — puntualicé— ¿y sabe qué, Padre? Lo logró, el pequeño problema es que yo tenía un tremendo hueco en el talón de la media y ellas se dieron cuenta, ¿usted quiere saber cómo me llaman desde entonces? "Anita la Huerfanita".

Escuché risas en el confesionario.

—¡Padre! ¿Usted se está riendo?

—Perdón hija, pero ¿porqué te pusiste las medias rotas? Uno nunca sabe cuándo se va a tener que quitar los zapatos, hija. — respondió justificando el motivo de sus risas.

—Mire padre, era el único par de medias limpio que me quedaba y nunca me imaginé que me iban a sacar el zapato. Por eso, Nazaret tiene merecido lo de la revista — agregué haciendo una pausa.

—Si no lo dices, te haces cómplice, ¡piensa en ello! —dijo el padre enfático.

—Padre, si abro la boca, me meto en problemas yo también.

—Más problemas vas a tener, si no lo dices, porque van a castigar a una persona que es inocente.

—Padre usted tiene razón, pero si digo algo es capaz que me boten a mí también.

—Si no tienes nada que ver con eso, no

hay nada que temer, ¿no te parece? Haz lo correcto y dile a la maestra, ¿algo más que quieras decirme? —preguntó el padre exasperado.

—Sí padre, me puse los sostenes de Dolores, usted sabe mi hermana mayor y los rellené con papel toilette.
Hubo un silencio largo.

—¿Acaso quieres ser mujer antes de tiempo?

—No padre, eso fue pura curiosidad.

—Bien, ¿has leído el pasaje del dragón que se llena de ira contra la mujer?

—Sí, lo describe el Apocalipsis do..

—¡Trece! —interrumpió él.

—¿No es Apocalipsis doce padre?

—Sí, sí. Tres padrenuestros y ve con Dios, ¡no te olvides de hablar con la maestra!

—Amén, padre

**

—Hoooola, —dijo Eva ceremoniosa— ¿tú como que te andas escondiendo? Hace tiiiemmmpo que no te veo... —agregó al verme comprando dulces en la cantina del colegio.

—No, bueno tú sabes... Leyendo, tengo muchas tareas y reuniendo pecados para la confesión de los domingos. —dije evadiendo su mirada.

—Hoy fríen a la bicha de Nazaret.

—¿Es hoy? —pregunté sorprendida.

—¿En qué planeta estás tú? —comentó con una risita burlona— Aquí no se habla de otra cosa, a esa la votan, porque a la directora le aterra la idea de que los representantes empiecen a sacarnos del colegio por lo de la mala influencia.

—¿Fuiste tú, no es cierto? Las revista de historietas que estaba en el morral de Nazaret se parece a la que vi el otro día en tu bulto.

—Mis labios están sellados. —respondió haciendo una cruz con los dedos que se pegó a los labios. Ahora era Eva quien evitaba mis ojos.

—Mira, le conté al padre y me dijo que si me lo callaba, yo también era cómplice.

—¿Qué vas a hacer, me vas a denunciar?

—La verdad es que no sé... —le dije bajando la cabeza.

—¿Por qué crees tú que Nazaret no negó lo del paquete de cigarrillos? Ya me contaron cómo pasó todo... Déjame ayudarte... —añadió— Nazaret fuma.

—¿Quééé?

—Sí, Nazaret fuma y siempre lo supe —agregó con una risita— ¿te acuerdas que una vez te dije que no todo es lo que parece? Yo tenía mis sospechas y bueno..., luego vino la invitación a la cena...

—¡Por favor! Ahora me vas a decir que Nazaret fuma en su casa, ¿verdad?

—Exactamente, ¡Nazaret fuma en su

casa! El papá es dueño del edificio donde viven y mandó a unir los dos apartamentos del último piso en uno solo. Por esa razón, Nazaret tiene una de las alas de ese enorme apartamento para ella sola. Ninguno de los padres se molesta en ver qué es lo que ella está haciendo, siempre y cuando Nazaret no salga sola a la calle.

—Pero tú metiste la revista de historietas en el morral, ¿no es así? Yo no quiero que la expulsen por algo que ella no hizo, eso es todo.

—¡Tú cierras el pico! ¿Entendido? Esto no se lo decimos a nadie, y si me entero que vas por allí diciendo cosas, te vas a arrepentir, ¿tú eres loca? Si sales de bocona nos botan a las dos. ¡Eso es lo que va a pasar! —remató, apuntándome con el dedo.

Eva siguió apuntando mientras hablaba, y sentí cómo la rabia me calentaba las orejas. Llegó un momento en que los sonidos desaparecieron. No pude aguantarme y le mordí el dedo como si se tratara de una piraña del río Orinoco.

—¿Qué pasa aquí? —preguntó la señorita Carlota, que no estaba muy lejos de nosotras.

—Nada maestra, solamente estábamos jugando. —dijo Eva con una sonrisa forzada agarrándose el dedo mordido. Luego me dio un codazo para hacerme confirmar, lo que ella acababa de decir. Asentí con la cabeza.

Me enderecé el uniforme y cuando estábamos a punto de regresar a la clase, escuchamos una voz por el parlante diciendo que esperáramos en fila, ya que la directora tenía algo muy importante que decirnos.

**

—¿Estás enferma? Te vez pálida. —me dijo la abuela Piedad tocándome la frente.

—Creo que tengo fiebre. —anuncié en voz baja.

—Quédate en la cama, yo le pregunto a Gustavo a ver si quiere ir conmigo a la iglesia.

**

—¿Mamá, crees que Magdalena quiera ir a la iglesia con la abuela Piedad?

—¿Qué pasó, te peleaste con tu abuela? —preguntó mamá con un dejo de preocupación.

—No, —dije bajando la cabeza.

—Entonces, no me parece que haya que cambiar nada.

**

—Padre, he pecado.

—Confiesa hija mía.

—No le dije nada a la maestra…

—¿Y puedes vivir con la consecuencia de tu silencio?

—Sí, padre. —dije en un susurro.

—¿Sabías que tú eres cómplice de que hayan expulsado a la chica?

—Mire padre, no la expulsaron. Nazaret se salvó, porque tiene las calificaciones más altas del colegio. —dije sin alzar la mirada.

—Por omisión también se peca. ¡Reza un padrenuestro y reflexiona!

—¿Un solo padrenuestro? —pregunté sorprendida.

—¡Escuchaste bien, ve con Dios!

—Amén, padre.

**

—¿Abuela Piedad, el padre se confiesa?

—¡Claro niña! —dijo mi abuela sin apartarle la vista a unas caraotas negras que estaba escogiendo.

Había una olla montada en la hornilla y el agua estaba a punto de hervir. En la radio sonaba la canción "El Guía" de José Luis Rodríguez.

Muy conforme con su suerte
En silencio uuuuna cruz llevaba
y callaba...

Estaba a punto de irme, cuando la abuela Piedad dijo algo que hizo voltearme.

—¡Él solamente se confiesa ante Dios! — ¿Qué clase de pregunta es esa? Levantó la vista y me miró directo a los ojos.

—¿El padre? ¡Un momento...! —exclamé para entender lo que la abuela Piedad me acababa de decir.

—¿Es decir, que el padre no se confiesa ante otro padre? —indagué incrédula.

—¡Nooo! —respondió la abuela Piedad mirándome por encima de los lentes— Él habla directamente con Dios.

—¿Mire, y porqué nosotros no podemos hacer lo mismo?

Lo único que recuerdo es que recibí una bofetada. No lo vi venir. La mano de mi abuela me alcanzó en la base de la oreja y un tiiiiiiiii largo me zumbó en los oídos.

—¡NO BLASFEMES, IGUALITA A DOLORES! —gritó.

Esperaba ser su guía aaaaaa —se escuchaba José Luis Rodríguez cantando.

**

Mi mamá se apoyó de la mesita de noche, mientras Magdalena jugaba con sus muñecas.

—Magdalena, —dijo mamá al fin— tenemos que enviar a Caridad a casa de la abuela Mildred, para que reemplace a tu hermana Dolores, y como es casi seguro que Dolores no va a querer retomar las visitas a la iglesia, se nos presenta el problema de quién acompaña a tu abuela los domingos. Lo hablé con Piedad, y ella está de acuerdo en que tú serías la persona más indicada, ¿qué te parece? De recompensa, te damos cinco centavos.

Lo que Nadie Sabía Acerca del Difunto

—MATILDE, VEN conmigo para enseñarte la gotera que hay en el lavamanos del baño de caballeros —dijo Régulo haciendo una reverencia.

—Ajá, ¡claro!

Matilde alzó las cejas con resignación. «A este paso nunca voy a terminar las cartas que don Adrián me pidió que escribiera», pensó mientras se dirigía al baño de caballeros.

Cuando Matilde abrió la puerta, Régulo la atrajo con fuerza hacia sus brazos y cerró con seguro.

—¿Estás loco? ¿Te imaginas si nos descubren? —fingiendo desagrado.

—¡Relájate mujer! —la tranquilizó Régulo, dándole un besito en la nariz. —Solo quería invitarte a tomar unas cervezas con Santiago. Tú sabes... mi amigo el abogado y, ¿quién sabe? A lo mejor un poco de acción después, ¿qué dices? ¿Te animas? —le susurró al oído mientras posaba sus manos en las nalgas de la secretaria.

—Déjame pensarlo... Ah, casi se me olvida, don Adrián quiere hablar contigo. —Dijo ella deslizando la mano por la entrepierna de Régulo, y sin esperar a que él reaccionara abrió la puerta y desapareció, satisfecha de haberle encendido los pensamientos.

**

—Buenas don Adrián, Matilde me dijo que usted quería hablar conmigo...

Don Adrián saltó de la silla y se apuró a guardar las barajas póker en la gaveta del escritorio.

—Sí, sí Régulo, pasa y cierra la puerta que quiero pedirte un favor... —se aclaró la garganta y se acomodó los lentes.

—Ajá, ¿qué será?

—¿Tú sabes... Los estados financieros que me entregaste el otro día?

Régulo asintió.

—Bueno... —don Adrián se rascó la cabeza— El reporte está incompleto, ya que faltan unos gastos de mantenimiento que se me olvidó entregarte. La culpa es mía. —se apuró a decir, mientras sus ojos se posaban sobre una pila de carpetas que estaban al lado del teléfono.

—No hay problema, lo actualizo el lunes a primera ho...

Régulo iba camino a la puerta, cuando don Adrián señaló:

—Ese es el problema, el director quiere echarle un vistazo antes de la junta de accionistas, y me estaba preguntando si tú podías trabajar en ellos esta misma tarde.

—¿Quedarme a corregir el reporte...? — Régulo preguntó sorprendido.

—¿Qué te parece? Te vamos a pagar las horas extras. Además de eso, te voy a dar un bono por todas las veces que me has sacado la pata del barro... —agregó con una sonrisa nerviosa.

—¿Y Casimiro no puede agregar lo que falta? —murmuró Régulo sin mucha convicción.

—Tú fuiste quien hizo el reporte, por eso prefiero que seas tú quien lo actualice.

Régulo asintió resignado.

—No se preocupe don Adrián, yo me quedo trabajando con los reportes. «Total, no tengo ni mujer ni hijos esperando en casa...», pensó.

—Gracias Régulo, te debo una...

—No hay de qué don Adrián, ¿algo más? —hizo un leve ademán mientras se dirigía hacia la puerta.

—No, eso era todo, recuerda las carpetas — dijo señalando la pila de documentos junto al teléfono para que Régulo se los llevara consigo.— Acuérdate de ponerlas aquí, cuando termines.

Régulo se metió los documentos debajo del brazo y salió de la oficina. Al cerrar la puerta, suspiró profundo y se encaminó hacia el escritorio de Matilde.

—Lo siento, pero no hay cervezas esta noche.

—¿Qué pasó?

—Pregúntale a don Adrián. —dijo Régulo haciendo un puchero en dirección a la oficina del jefe.

**

Régulo dejó las cuentas del día a un lado y se puso a trabajar con las carpetas que había traído de la oficina de don Adrián. Al primer vistazo no parecía mucho, pero después de revisar detenidamente, se dio cuenta de que había casi tres meses de información sin registrar.

Régulo se arremangó las mangas y se concentró en las cifras. Poco a poco los colegas fueron saliendo de la filial y lo único que se escuchaba en la oficina era el eco del tictac del reloj en la entrada, los garabateos de Régulo sobre los libros de contabilidad y los sonidos que venían de la calle.

Las horas fueron pasando y cuando las cifras empezaron a danzar sobre el papel, Régulo decidió hacer una pausa. Se dirigió a la cantina, prendió la radio que estaba sobre la nevera, puso la cafetera a punto y la dejó hacer mientras se dirigía al baño.

«Así era con don Adrián, siempre había

algo de última hora. Ahorita mismo yo debería estar disfrutando unas cervezas con Santiago y Matilde. La próxima vez, lo mando pa' la mierda», pensó.

Salió directo a la cantina. El café ya debería estar listo.

**

—¡Mamaaaaá ya van a cantar la lotería! ¿Vas a venir o no? —gritó Dalia desde la sala.

—Ya voy, ya voy que estoy en el baño...

—¡Apúrate que ya va a empezar! —replicó Dalia impaciente, mientras empujaba a Fisher y Bent fuera del sofá. «Estos gatos dejan pelos por donde quiera», pensó mientras sacudía los cojines.

Buenas noches señoras y señores, es un verdadero placer estar nuevamente con ustedes en el sorteo Millonario de la Lotería Nacional, en directo desde RCTV. Para todos los radio escuchas, les habla José Arroyo Pedraza. Son exactamente las siete y cincuenta y ocho minutos de la noche, hoy   viernes 16 de abril de 1976.

Nos acompaña el Dr. Eusebio Montes, notario público octavo del Municipio Libertador,   quien nos acompaña esta noche para garantizar la transparencia del sorteo.

Suerte para todos, pero antes de comenzar, les informamos de que no hubo ganadores la semana pasada.

—¿Ya comenzaron? —preguntó Salomé, mientras se ponía los lentes antes de sentarse frente al televisor.

—Casi, ¡Mamá a ver si le dices a Régulo que se lleve sus gatos a otra parte. La casa está llena de pelos!

—¡Por Dios! Esos gatos no molestan a nadie. Todos soltamos pelos, ¿me vas a decir que no son una monería? —le respondió Salomé mientras agarraba a Fisher y lo ponía en su regazo.

—Shh, que ya van a cantar los números.

Atención le damos vuelta al biombo: el primer número del sorteo de hoy es siete. Repito, siete. Seguimos rápidamente con el segundo número de hoy, que es seis. Repito, seis.

Continuamos con el tercer número de la Lotería Nacional, aquí desde RCTV y es el número dieciséis. Repito, dieciséis. ¿Habrá un nuevo millonario esta noche? Lo sabremos en unos pocos minutos.

Buena suerte para toda Venezuela, aquí tenemos el cuarto y último número del sorteo de la Lotería Nacional a celebrarse hoy viernes 16 de abril de 1976.

—¿Cómo va la cosa? —preguntó Salomé tratando de echarle un vistazo al billete de su hija.

—Hasta ahora no he pegado un solo número. Lo voy a terminar de ver, porque me encanta José Arroyo, —dijo alzando la ceja con expresión traviesa.

El cuarto y último número es: cuatro. Repito cuatro. Voy a proceder a leer todos los números: siete, seis, dieciséis y cuatro. Le hago entrega de los números al Dr. Montes para que certifique.
— ¿Da fe Dr. Montes?
— Doy fe.
Muchas felicitaciones al ganador, que se dará a conocer el viernes de la semana que viene en nuestro próximo sorteo. Buenas noches y muchísimas gracias por acompañarnos.

—¿Quién habrá ganado? —especuló Salomé soltando un suspiro— Voy a terminar de arreglar la cocina, para irme a acostar.

Agarró a Fisher que estaba bien acurrucado en sus piernas y se lo llevó a los hombros, mientras este ronroneaba en señal de protesta.

Mientras tanto, en la oficina del banco Régulo se quedó paralizado, como si había visto un fantasma después de escuchar los resultados de la lotería por la radio.

Repitió los números que acababa de escuchar:

—Siete, seis, dieciséis y cuatro. ¡Coño! Ese es mi billete...

**

—¿Régulo eres tú? ¿qué pasó con tu llave? —preguntó Dalia temerosa de que no fuera su hermano quien estaba detrás de la puerta.

—Si, peo no la conshigo —dijo la voz del otro lado.

Dalia se asomó por la ventana y vio a Régulo con la cara roja, la camisa por fuera, luchando por mantener el equilibrio.

—Abe a burta... —dijo Régulo apuntando hacia el cielo, mientras se apoyaba de la pared para no caerse.

—¡Baja la voz Régulo que vas a despertar a los vecinos! —dijo Dalia mientras pasaba la llave para dejarlo entrar.

—Emañita tengo yeal.

—Régulo, estás borracho.

—¿Y qué? Pa' eso tengo yeal emañita. —él rió, emitiendo un sonido parecido a un rebuzno.

—Déjame llevarte a la cama antes que mamá te vea en esa facha —le dijo Dalia tomándolo de la cintura mientras se pasaba el brazo de Régulo por encima del hombro.

Salomé salió de su cuarto a ver qué pasaba.

—Mamá —dijo Régulo con un suspiro al verla— tengo real —dejó caer la cabeza mientras un hilo de saliva le colgaba de la comisura.

—Mejor traigo un tobo, porque... —dijo Salomé.

Régulo sacudió el cuerpo en una violenta arcada que fue la antesala de un chorro de vómito parecido a un cañón de agua. La sala se impregnó de un olor a bilis y alcohol.

—Ya pasó, —dijo Salomé haciendo una mueca de repugnancia por el olor a ácido gástrico— seguro que ahora se sentirá mejor. Llévalo a la cama que yo me encargo de este reguero.

—Tengo yeal, tengo yeal —repetía Régulo con voz apagada, mientras Dalia se lo llevaba a rastras para su cuarto.

Al día siguiente...

—¡Muy bonito que te quedó! —rugió Dalia al prender la luz de un golpe.

Régulo ya estaba despierto y soltó una ventosidad aparatosa que sonó como fuegos artificiales.

—¡Eso es lo que pienso! —respondió enterrando la cara en la almohada.

Dalia se acercó a la cama y le arrebató la cobija de un tirón. Un olor a pólvora quemada subió desde la cama. Dalia le dio la espalda y se llevó la mano a la nariz.

—¿Qué hice ahora?

—¿Qué hiciste? No conforme con llegar borracho y vomitarte en la sala, ¿vas a dormir todo el día también?

—¿Yo?

—Sí, tú y fue mi mamá quien se quedó limpiando la porquería.

—¿De verdad, vomité? Yo no recuerdo

nada. —admitió mientras se apoyaba de los codos, para sentarse en la cama—¿Hay leche en la nevera? Tengo una acidez que me está matando....

—Sí, pero te la sirves tú mismo —ripostó ella cruzando los brazos.

Régulo se volteó hacia la mesita de noche, abrió la gaveta y sacó un pedazo de papel.

—Gané, —dijo Régulo mientras se abanicaba con el billete.

—¿Ganaste? —preguntó ella tratando de arrebatarle el billete.

—Sí —dijo Régulo apartando la mano para esquivar la zarpa de su hermana.

—¡No te creo, déjame ver! —ordenaba Dalia y Régulo alzaba el billete por encima de la cabeza para evitar que ella lo tomara.

—¿En serio? —preguntó Salomé desde la puerta.

Régulo y Dalia pararon en seco al oír a Salomé.

—Sí mamá, estoy seguro porque cuando compré el billete me reí de la casualidad que los números daban la fecha de ayer. Siete, seis, dieciséis y cuatro. Es decir: año 76, uno y seis el día y cuatro el mes. Eso fue lo que cantaron en la radio.

—¿Estás hablando de la Lotería Nacional? —Preguntó Salomé ahora seria como un empleado de funeraria.

—Sí, ¿mamá tienes una aspirina? ¡Qué dolor de cabeza tengo!

—¿No eran treinta millones el premio? — intervino Dalia ignorando el dolor de cabeza de Régulo.

—Síí, ¿mamá tienes una aspirina?

—Déjame ver si, tengo —Salomé se encaminó a su cuarto en busca de las aspirinas.

—No tengo aspirinas para adultos, — gritó— lo que tengo son aspirinas para niños, ¿quieres dos?

—Síí, no importa. ¡Lo que sea para quitarme este dolor de cabeza!

—Por eso la borrachera de anoche, ¿no es así? —le preguntó Dalia dándole con el codo.— A ver, déjame ver el billete —dijo extendiendo la mano.

—No lo vayas a romper, porque así si es verdad que la ponemos...

—¿Tú crees que yo soy tan boba?

—Tienes razón. —dijo mientras le alargaba el ticket.

De lejos, parecía un billete de monopolio, pero al verlo de cerca, reconoció el ticket de la "LN", como todo el mundo lo llamaba y que ella misma había comprado tantas veces.

La efigie de El Libertador en vivos colores ocupaba la cuarta parte del billete, en el extremo derecho. Al pie del cual se podía leer "Simón Bolívar (1783-1830) - Arturo Michelena" en letras diminutas.

El resto del billete lo ocupaban los siguientes números: siete, seis, dieciséis y cuatro en tamaño grande. Justo debajo de cada número, se podía leer su equivalente en letras pequeñas.

La palabra Lotería Nacional aparecía justo debajo de la cifra, que en realidad era el número del billete. A continuación, las letras LN en rojo y luego un enunciado que describía cuando se iba a celebrar el sorteo: viernes 16 de abril de 1976. Al pie, un garabato de lo que obviamente era una firma.

—Aquí tienes las aspirinas —intervino Salomé entregándole dos pastillitas rosadas.

—Mira mamá, —dijo Dalia volteándose hacia ella— la cosa es en serio, Régulo ganó la lotería.

Salomé le echó una hojeada rápida y respiró profundo.

—Espero que no se vayan a poner a decírselo a nadie. —anunció en tono severo— Primero hay que tener la confirmación de la oficina de loterías.

—El lunes hablo con Santiago para que me asesore.

—Mejor será que no le digan a nadie, de lo contrario, todo el Pueblo va a venir a pedir dinero. —dijo Salomé alternando la mirada entre Régulo y Dalia.

**

La alarma sonó tres veces ante de que Régulo la desactivara. Eran las 6:24 am.

Régulo sonrió al ver el fluido lechoso que le mojaba los calzoncillos. «Otra vez soñando con Zenaida», murmuró soltando una risita.

Se sentó en el borde de la cama. Matices color durazno anunciando el nuevo día bañaban la habitación.

Se estrujó los ojos con los puños y se quedó un rato mirando a la pared, donde colgaba una portada de la revista LIFE que mostraba la imagen de un hombre joven con rasgos de quijote. Estaba sentado frente a un tablero de ajedrez *"The Deadly Gamesman"* decía en negritas.

Los pensamientos de Régulo lo llevaron a una tarde lluviosa, hace cinco años atrás, cuando don Adrián le había entregado el boleto aéreo para Río de Janeiro. Había sido una invitación de última hora que don Adrián había recibido de la agencia principal, y en otras condiciones, don Adrián mismo hubiera tomado el viaje.

Lo que trocó la suerte fue el hecho de que ya él había aceptado una invitación con todos los gastos pagados a Lieja por las mismas fechas, así que a don Adrián no le quedó más remedio que transferir el boleto a Régulo.

—¡Qué mujer! —susurró Régulo refiriéndose a Zenaida— ¡Qué no daría por volver a verla!

La imagen de Zenaida se le había aparecido tan nítida como aquel día en la cola para montarse en el teleférico que los llevaría a ver el "Pan de Azúcar".

Eran casi las seis de la tarde, el cielo plomizo prometía lluvia, pero no pasó de allí. Recordó el vestido de terciopelo con rayas diagonales verde y amarillo que hacían juego con sus rizos de cobre. En el cuello Zenaida llevaba una piel de algo que parecía cola de zorro, lo cual no entonaba con el calor de Río. Régulo no pudo evitar tomar nota del esmalte rojo en las uñas cortísimas. No le quedaba mucho de la pintura de labios, y la línea negra que se había dibujado alrededor de los ojos ya había empezado a correrse.

Recordó que Zenaida hablaba español casi a la perfección, a no ser por el você, que se le escapaba de vez en cuando con un ligero acento portugués, mientras acentuaba cada palabra acariciando la piel falsa que le adornaba el cuello. Llevaba un gato en un maletín al que llamaba "Shugarlouf".

Cuando Régulo vio a Shugarlouf no pudo evitar pensar en Bent, pero Bent era mucho más dorado y jamás hubiera aceptado ser llevado de aquí para allá en un bolso.

Zenaida había fulminado a Régulo con una mirada. Subieron el uno al lado del otro a ver el Pan de Azúcar y ella ofreció enseñarle el Río que solamente ella conocía.

Régulo propuso llevarla a cenar y ella aceptó, siempre y cuando fuera ella quien escogiera el lugar. Para ese entonces Régulo hubiera dicho que sí a cualquier cosa que ella sugiriera.

Habían compartido un festín de bolas fritas hechas de frijoles rellenos de camarones secos, que los locales llamaban Acarajé, cerca de la Rua Ministro Alfredo Valadão y coronaron la noche revolcándose como lagartos en la oscuridad absoluta de un cuarto de hotel, que Zenaida había escogido.

Régulo había querido hacer toda clase de piruetas con Zenaida, pero ella insistió en hacer el papel de Geisha. «Yo me encargo de las caricias y tú te encargas de sentir» Había recordado él lo que Zenaida le dijo entre susurros y besos.

Se embriagaron y volvieron a revolcarse hasta que las primeras luces del nuevo día empezaron a clavarse como agujas por las cortinas.

Desgraciadamente, Régulo había dormido como un bebé y Zenaida aprovechó la oportunidad para desaparecer con su gato y sus tacones, robándole el corazón.

Después de haber regresado a Venezuela, lo primero que Régulo hizo fue contactar a Santiago Pujol para que le registrara en notaría su última voluntad, que era dejarle a Zenaida sus gatos, su tablero de ajedrez, su moto Suzuki van van 125 y cualquier otra cosa que poseyera al momento de morir.

—¡Chico, no seas loco! ¿Te tiraste a una "Garota" y le vas a dejar los gatos? Tú no tienes donde caerte muerto. ¡Deja eso así!

Además, te va a salir más caro hacer el testamento que lo que le vas a dejar ¿o te estás creyendo que no te voy a cobrar porque somos amigos? ¿qué hay de tu mamá y tu hermana? ¿no les vas a dejar nada a ellas? — le había dicho Santiago en un intento por disuadirlo.

Régulo había soltado una carcajada ante la mirada perpleja de su amigo.

—Aquí tienes la dirección, que vas a poner en el testamento: Hotel Río Negro, Rua Ministro Alfredo Valadão, 36 - Copacabana, Rio de Janeiro - RJ 22031 Brasil. —había leído en voz alta, mientras anotaba en un papel— Se llama Zenaida Queiroz Gimaraes y huele a almendras.

Régulo volvió al presente cuando vio que el despertador marcaba las 6:38 am. Se levantó de la cama y se fue a bañar para ir al trabajo. Recordó que había dejado todo a medio hacer en la oficina cuando escuchó el sorteo en la radio.

**

Ya iba poniéndose el casco mientras iba en camino a buscar la moto, que estaba justo como la había dejado, cubierta con un plástico azul en el callejón de acceso a la parte trasera de la casa. No se inmutó al escuchar a Salomé darle la bendición desde la ventana.

La ciudad no había despertado del todo, la

moto rugió como dando los buenos días, escupió un par de bocanadas de humo y se puso en marcha. Régulo tomó la vía paralela al cementerio, para empalmar con la avenida Bicentenaria, luego cruzó el viejo puente para tomar la recta de El Tambor.

La vía contraria parecía desierta, pero la neblina impedía ver a más de tres metros de distancia, por lo que Régulo decidió bajar la velocidad a unos 10 km por hora y pegarse lo más que pudo hacia la derecha, solo unos milímetros lo separaban de la cuneta.

De repente, unos faros como bombillas de estadio aparecieron en sentido contrario. Régulo trató de lanzarse a la cuneta, pero el camión con las letras "LN" llenaba todo el espacio frente a él.

Todo pasó tan rápido... Régulo pensó por un segundo que era producto de un sueño. El impacto del camión contra la motocicleta, luego su propio cuerpo proyectándose hacia el parabrisas, para luego caer aparatosamente a un lado de la vía.

El camión se alejaba a toda velocidad, mientras él se quedaba tendido. Sangre, sangre a ríos que salía de su boca. Tosió un par de veces y luego el frío.

**

—¿Alguien ha visto a Régulo? —preguntó don Adrián desde la puerta de su oficina.

—Noo —contestó Matilde desde su puesto, cruzando los dedos para que el jefe no la llamara a su oficina.

—Cuando llegue, dile por favor que pase por aquí. —respondió don Adrián, preguntándose qué habría pasado con Régulo, que no dejó los documentos sobre su escritorio, como habían acordado.

**

Dalia prendió la radio para escuchar las noticias, mientras preparaba el desayuno para José Luis y Nino quienes ya estaban casi listos para irse a la escuela.

Interrumpimos para ofrecer un avance del tráfico. El tramo de salida de la ciudad de la Niebla en dirección a la capital está cerrado en ambos sentidos debido a un accidente de tránsito. Al parecer, el occiso fue impactado por un vehículo que se dio a la fuga. Se está a la espera del forense para proceder al levantamiento del cadáver.

«¡Dios mío! Esa carretera está cobrando más muertos que la peste negra», pensó Dalia mientras recogía los platos del desayuno.

**

—¡Pasa Régulo!
—don Adrián soy yo, Matilde. —dijo la

secretaria abriendo la puerta— Hay dos agentes de la policía que quieren hablar con usted.

—¿Conmigo? ¿Te dijeron de qué se trata?

—No, solamente me preguntaron que si Régulo Montoya trabaja aquí, cuando les dije que sí, me pidieron hablar con usted, ¿los hago pasar? —relató Matilde con semblante preocupado.

—Sí, sí —dijo él arreglándose la corbata, mientras se ponía de pie.

**

—Ya voy, un momento... —dijo Salomé camino a la puerta.

—Buenas tardes, ¿podemos pasar? —preguntaron los dos agentes de policía.

Salomé los miró de arriba abajo para confirmar que en realidad eran agentes del orden público. El uno alto, moreno. El cráneo lustroso como un pedazo de hígado fresco y los dientes blanquísimos. El otro pequeño y derecho como un soldado de plomo, ojillos de roedor. El bigote finito sin manubrios y la chiva puntiaguda.

¿Qué hacía la policía aquí?, se preguntó Salomé. La última vez que vinieron fue porque Régulo pretendió evadir los gastos de unos destrozos que hizo en un bar. Al parecer, en medio de una borrachera quiso usar el lavamanos como toilette y terminó derribando tanto la losa como la tubería.

—Pasen, por favor. —les dijo haciéndose a un lado y los siguió hasta el salón mientras los observaba expectante.

—¿Qué pasó? —preguntó al fin.

—¿Usted conoce al señor Régulo Montoya? —inquirió el agente más bajito, mientras leía en voz alta de lo que parecía ser el carné del banco donde Régulo trabajaba.

—Yo soy su mamá —dijo con el corazón al galope.

—Ejem —se aclaró la garganta, bajó la cabeza e inmediatamente dijo— Al parecer su hijo falleció en un accidente automovilístico. La única identificación que llevaba encima era este carné. —hizo una pausa para dejar que la magnitud de lo que acababa de decir, alcanzara a Salomé.

—¿Queé? —susurró Salomé.

—Tiene que acompañarnos a la morgue a reconocer el cadáver. Nosotros podemos llevarla en caso de que no tenga con quién ir...

—No entiendo, Régulo salió a trabajar esta mañana... Yo lo oí sacar la moto para irse al trabajo. Hasta le eché la bendición... ¿Quiere decir que él nunca llegó a la oficina?

Los dos agentes se limitaron a negar con la cabeza.

—El vehículo que lo atropelló se dio a la fuga.

Salomé les lanzó una mirada en blanco. De pronto empezó a respirar corto, como si le faltaba el aire y se agarró los brazos para protegerse de frio que solamente ella sentía.

—Ustedes no entienden... Yo no tengo valor para ver el cadáver de mi hijo... —dijo Salomé escondiendo la cara entre las manos mientras seguía negando con la cabeza.

**

—¿Matilde, Matilde?

—Dígame don Adrián

—Por favor, acompaña a los agentes a la salida y reúne a todo el personal en la cantina. Tengo un anuncio que hacer. —le dijo don Adrián con el rostro color ceniza.

—En seguida, don Adrián —dijo Matilde, desapareciendo por el pasillo.

—Les agradezco que hayan venido, —dijo don Adrián, mientras se despedía de los agentes con el respectivo apretón de manos.

**

—¿Aló?

—Oficina del Dr. Pujol Cedillo, buenas tardes, ¿en qué puedo servirle? —dijo la secretaria del bufete de abogados.

—¿Me podría comunicar con Santiago? Dígale que es de parte de Dalia Montoya, la hermana de Régulo. —dijo en voz baja mientras se sonaba la nariz.

—Un momento por favor.

Dalia escuchó los tacones de la secretaria alejarse y al poco rato los escuchó de vuelta.

—Le comunico...

Todo se quedó mudo del otro lado y a los pocos segundos, Dalia escuchó la voz de un hombre.

—Hola Dalia, ¿pasa algo...? —preguntó Santiago con la sensación de tener mariposas en el estómago. Así era cada vez que hablaba con la hermana de su mejor amigo.

—Santiago, disculpa que te moleste... —Dalia hizo una pausa, entre los sollozos y continuó— Necesito que me acompañes a la morgue para identificar el cadáver de Régulo.

**

—Voy a ser breve... —dijo don Adrián visiblemente afectado a todos los que estaban presentes en la cantina— Régulo falleció en un accidente de tránsito y todo indica que el vehículo que lo atropelló se dio a la fuga. La familia está al tanto. —hizo una pausa y bajó la cabeza.

Casimiro y Matilde se miraron perplejos, y los murmullos crecieron.

—¿Cuándo es el entierro? —preguntó alguien

—No sé, pero estoy pendiente y cuando sepa algo, les aviso.

—¿Puedo tomar el escritorio de Régulo? —dijo Casimiro sin entender porqué sus

compañeros lo amonestaban con la mirada—
Ya él no lo necesita... —dijo encogiéndose de
hombros.

—¡Vas a necesitar muletas si no te callas! —
le dijo Matilde, dándole un codazo.

—Matilde, venga conmigo por favor.

Matilde alcanzó a don Adrián al final del
pasillo.

—Manda una corona de flores a la
funeraria donde van a velar a Régulo.

—Enseguida, don Adrián.

**

Dalia tomó el periódico para echarle un
vistazo a la sección de obituarios.

*La familia Montoya lamenta el fallecimiento de
Régulo Montoya.*

*Su madre Salomé, su hermana Dalia, sus
sobrinos Nino y José Luis; demás familiares y
amigos invitan a la misa que se celebrará a 10:30
am en la capilla Descanso Eterno de la funeraria
"La Coromoto".*

*El acto de sepelio se efectuará el miércoles 21 de
abril de 1976 a las 11:00 am. partiendo de la sede
de la funeraria. Calle Junín, sur # 91, La Neblina.*

Salomé se quedó toda la noche en la
funeraria velando el cadáver de su hijo.

—A los hijos no se les abandona, —repetía
ella en voz baja, sin acercarse al ataúd abierto

que descansaba en el centro de la capilla sobre una base de metal dorado. Al fondo, un pesado cortinaje color perla que lanzaba destellos nacarados por el reflejo de unas velas que flanqueaban cada lado del ataúd.

A Salomé le repugnaba la pompa con que Dalia había decidido darle el último adiós a Régulo, y las manos empezaron a temblarle al recordar la conversación que habían tenido al respecto.

—¿Mamá, tú no entiendes? ¿Qué van a decir los vecinos? ¡Que somos unas miserables! ¿Así es como le pagamos a Régulo después de dejarnos la fortuna de la lotería, enterrándolo como un huele frito? —le había explicado Dalia tratando de convencerla.

—Ese entierro es más caro que el valor de esta casa. —le había dicho Salomé, mientras caminaba como león enjaulado.

—Mamá es cierto, no tenemos el dinero ahorita, pero en lo que se arregle lo del testamento, eres tú la que se queda con todo, ¿quién más, pues? Tranquila mamá, que yo me encargo. —le había asegurado Dalia, dándole palmaditas en el hombro.

«Dios mío, que liberen la herencia lo más pronto posible», pensó Salomé y en ese mismo instante llegó Dalia a la funeraria, quien se acercó y le pasó la mano por la cabeza, no solo para ordenarle los cabellos sino para consolarla en silencio.

—¿Lo viste?

—No, lo quiero recordar como la última vez. —dijo bajando la cabeza mientras reprimía un sollozo.

—La gente está empezando a llegar, porque no vas al baño y te echas agua en la cara, ¿comiste algo? —preguntó Dalia solícita.

—Si, tomé café y me comí una tostada que me ofreció la señora de la cocina.

—¿Ha venido mucha gente?

—¡Si, vale! La verdad es que estoy muy agradecida. El Sr. Restrepo vino tempranito. Tú sabes... el dueño del taller mecánico, donde Régulo compró la moto. También vino la Sra. Colina acompañada con la hija, pero eso fue anoche, como a eso de las ocho. —hizo una pausa para recordar— Otro que vino a saludar fue el Sr. Benito Luján. —dijo Salomé y se le iluminó la mirada y continuó con una sonrisa débil— Hasta Tito, el dueño de la bodega que está cerca del cementerio, pasó por aquí...

—Que bueno, así no te quedaste aquí solita. La verdad que me hubiera gustado quedarme aquí contigo, pero ¿quién se hubiera encargado de las cosas en la casa? —murmuró Dalia a manera de disculpa.

—Yo sé hija...

—Anda mamá, arréglate un poco que la misa es a las 10:30.

Salomé asintió y se dirigió con pasos cansados en dirección a los baños.

Una vez sola, Dalia se aproximó al féretro

para observar a su hermano. Parecía una figura de cera. Motas de algodón se asomaban por los orificios nasales. Las manos, que descansaban entrelazadas sobre el pecho estaban hinchadas y amarillentas.

La invadió un sentimiento de irrealidad y vacío. Le parecía mentira que hace pocos días ella lo estaba regañando por haber llegado borracho y ahora él estaba tendido allí en el ataúd.

Dalia miró alrededor y vio que en ese justo momento llegaban Casimiro Palestra, seguramente acompañado de la secretaria del banco y don Adrián. Se dirigió a la entrada para darles la bienvenida.

—Mi sentido pésame, yo soy Adrián Brito, el jefe de Régulo.

—Gracias. Me imaginé que ustedes eran los colegas de Régulo, porque reconocí a Casimiro. Tú viniste una vez a la casa a traer a Régulo una tarde, ¿te acuerdas? —afirmó Dalia dirigiéndose a Casimiro.

—Sí, sí, me acuerdo, ya hace tiempo de eso. Ah, mi sentido pésame.

Matilde se acercó a darle la mano en silencio.

Los cuatro se acercaron al féretro. Se quedaron allí mirando por unos segundos.

Al ver el cadáver de Régulo, Matilde se mordió los nudillos para reprimir las lágrimas.

—¡A pesar del leñazo, quedó igualito vale!

—dijo Casimiro rompiendo el silencio.

—¡Y ni siquiera tu mamá te va a reconocer, si vuelves a abrir la boca! —Lo amonestó don Adrián.

—Ejem, me gustaría saludar a la Sra. Salomé, ¿dónde está? —Le preguntó Matilde a Dalia para alejarse lo más posible de Casimiro.

—Sí, por supuesto, ¡vamos!

**

—Gracias por venir, Dalia —le dijo Santiago cerrando la puerta de la oficina— ¿quieres tomar algo? ¿Un café?

—No, gracias Santiago. Hubieras podido pasar por la casa...

—Tienes razón, lo que pasa es que no me pareció prudente discutir lo siguiente en presencia de tu mamá.

Dalia sintió que cada músculo de su ser se tensaba. Algo le decía que esta conversación no traía nada bueno.

—¿Es algo malo sobre la herencia verdad? Los desgraciados esos de la LN no van a pagar el premio porque Régulo se murió?

—No, no. Parte del dinero ya fue transferido a la cuenta de Régulo.

—Entonces, ¿qué es?

—Hace cinco años atrás, cuando Régulo regresó de Río de Janeiro, me pidió que hiciera un testamento a favor de una dama que conoció en Brasil. Ella se llama Zenaida Queiroz Gimaraes.

—¿QUÉ? —preguntó Dalia levantándose de un salto.

—¡Calma! —dijo Santiago apuntando al sillón para que ella tomara asiento.

—Sí, así como lo oyes, y yo hice como Régulo me pidió. En aquella oportunidad me pareció improbable que él... Bueno, tú sabes lo que quiero decir... Lo cierto es que ése es el documento válido para la declaración sucesoral. Esto quiere decir que Zenaida, si reclama la herencia, es quien queda con todo.

A pesar de que Santiago podía escuchar cómo Dalia respiraba cada vez más pesado, se atrevió a agregar:

—Hay un pequeño detalle, Zenaida tiene que aceptar la herencia, como lo estipula el Código Civil y tiene que pagar el Impuesto de Sucesión. Tenemos un plazo de 180 días para establecer la sucesión.

—A Régulo jamás se le ha conocido mujer. ¡Y yo que pensaba que él era asexual!

—¿Porqué lo dices?

—Mira, yo soy su hermana y nosotros hablábamos bastante. Jamás he visto a Régulo interesado por otra cosa que no fuera su motocicleta, la lotería y el ajedrez. ¿Sabes cuántos libros de ajedrez tiene Régulo?

—Me imagino que muchos. En cuanto a las mujeres, creo que por pura discreción no lo comentó contigo...

—No te imaginas las cosas que mi mamá y yo hemos tenido que soportar de Régulo. Sin ir muy lejos, los costos del funeral. Si no pagamos, hay que vender la casa, y lo peor es que nos va a faltar dinero. ¿Ahora tú me estás diciendo que Régulo le dejó todo a una mujer que solamente vio una vez? ¡Maldito seas Régulo! —dijo Dalia mientras le asestaba un puñetazo al escritorio.

—Dalia, todavía hay esperanza... Puede ser que Zenaida no esté interesada en la herencia. Puede ser que no la consigamos nunca. Yo tengo una dirección que Régulo me dio cuando le hice el testamento y por eso propongo ir a Río y seguirle el rastro a la mujer.

—Yo no quiero invertir un centavo más en Régulo. —remató Dalia, masajeándose la mano con que había golpeado la mesa.— Estamos hasta el cuello.

—Desgraciadamente no podemos ignorar el testamento. Si aceptas, me llevo el borrador de un documento, donde Zenaida renuncia a la herencia. Si ella lo firma, todo pasaría a Salomé.

—Yo no sé de nadie que haya renunciado a una herencia de 30 millones, pero me imagino que no nos queda otra... —dijo Dalia hundiendo las comisuras como boca de pato, mientras recogía su cartera y se dirigía hacia la puerta.—Ve a Río y averigua todo lo que puedas. —dijo sin mirar atrás.

**

Después de casi 11 horas de vuelo y una escala cortísima en el aeropuerto de Tocumen en Panamá, Santiago puso los pies en un Río de Janeiro húmedo y a oscuras.

Gracias a los buenos oficios de su secretaria, Santiago consiguió habitación disponible en el hotel de la Rua Ministro Alfredo Valadão 36 en Copacabana y esa fue la dirección que le dio al taxista, cuando al fin, pudo salir del aeropuerto.

El chofer se detuvo frente a un edificio de dos plantas y fachada amarillo tostado.

Le pagó al taxista y tocó la puerta. Un señor bajito, regordete y bronceadísimo lo dejó entrar. Él parecía estar a cargo.

Santiago le explicó lo de la reservación, y después de echar una mirada en los libros, pudo confirmar que un "Santiago Pujol Cedillo" tenía habitación disponible.

El hombrecillo insistió en cargar la única maleta que Santiago llevaba encima, mientras le mostraba el camino a la habitación.

Subieron por una escalinata estrecha de barandas negras y peldaños de madera, luego siguieron a mano izquierda. Al fondo del pasillo estaba la habitación número siete.

El conserje procedió a abrir la puerta y se quedó parado como esperando por algo. Santiago entendió la seña y se apuró a darle una propina de 10 cruceiros. El hombre lo encandiló con una sonrisa de dientes blancos y luego desapareció por el pasillo.

Santiago estaba cansado y con el estómago revuelto, por lo que decidió dejar las preguntas para el día siguiente. Se recostó en la cama y se quedó dormido.

Al despertarse, Santiago se dio cuenta de que no se había quitado la ropa. El reloj daba las 9:47 de la mañana, por lo que decidió darse una ducha. Le preocupaba genuinamente la situación financiera en que Dalia y Salomé iban a quedar, si contra todo pronóstico, Zenaida reclamaba la herencia.

Tenía que admitir que Régulo era bastante persuasivo, solo así se puede explicar que él haya contribuido a dejar a Zenaida y Salomé en esa mala situación.

Una parte de Santiago quería ignorar las leyes y dejarlas obtener el dinero de la herencia, pero no era tan fácil. Él era abogado y su nombre estaba escrito en los documentos, por su carácter de asesor legal. No le quedaba otra cosa que hacer lo correcto...

Una vez bañado y vestido, Régulo se encaminó a la recepción del hotel. El estómago le rugió con fuerza, lo que le recordó que no había comido nada desde que se había bajado del avión.

—Eso puede esperar. —musitó.

Se aproximó al mostrador y una mujer

sonriente, como de cuarenta años se le acercó. Su inglés era un poco más entendible que el del conserje. Como pudo, le preguntó dónde podía encontrar a Zenaida.

La sonrisa desapareció y a juzgar por la expresión de su rostro, Santiago podría asegurar que ella creyó que él estaba a la caza de putas.

Santiago le explicó que él era abogado y que en realidad necesitaba hablar con Zenaida o con alguno de sus familiares para discutir un asunto jurídico. La mujer lo miró con recelo y llamó al conserje.

Al llegar este, la recepcionista se enzarzó en una discusión de la cual Santiago no entendió absolutamente nada. El conserje le hizo seña a Santiago que lo esperara en el recibidor.

Cuando terminaron de discutir, el conserje se acercó. Allí le explicó que Zenaida era una dama de compañía que llevaba sus clientes al hotel. Nunca hubo problemas con ella, ya que pagaba buenas comisiones a cambio de tener un lugar seguro donde ejercer su oficio, pero la echaron a la calle cuando el viejo dueño se enteró que estaba enferma.

El conserje también le dijo que había una bolsa, en alguna parte del hotel con las pocas pertenencias que Zenaida dejó. Santiago le pidió que se las mostrara.

Con la esperanza de obtener más propina, el conserje parecía bien dispuesto a ayudar a

Santiago. Lo llevó a través de un corredor que conducía a la cocina que hervía de actividad. Un fuerte olor a coco los acompañó desde allí hasta el patio trasero.

El conserje abrió la puerta de salida. Había pipotes de basura y hacia la pared del fondo había escobas y otros trastos de limpieza.

Diagonal a la puerta por donde salieron, había otra puerta de metal que estaba entreabierta Era un cuarto de trastos viejos, sillas rotas, bolsas negras apiladas una encima de otra, envases de plástico. También colgaban cosas del techo.

Se abrieron paso como pudieron y en un rincón había una pila de bolsas de plástico. El conserje empezó a abrir una a una, pero las desechó de inmediato. De repente, miró hacia el rincón a mano derecha y se agachó para sacar un par de bolsas que estaban metidas debajo de unas sillas. Abrió la primera y nada. Cuando abrió la segunda, el hombrecillo sonrió satisfecho.

—Isso era o que restava de Zenaida, você pode mantê-lo —dijo el conserje olvidando que Santiago no hablaba portugués.

Por las señas, Santiago entendió que podía quedarse con el contenido de la bolsa. Le dio 100 cruceiros y recorrieron en silencio el camino de vuelta.

Santiago subió a la habitación para inspeccionar el contenido, rezando poder encontrar una pista que lo llevara a Zenaida.

Cuando llegó a su habitación, vertió el contenido de la bolsa sobre la cama.

Era un revoltillo de ropa, zapatos y bisutería barata. Había también una boa color fucsia, algo que parecía una cola de zorro y una cartera marrón tipo sobre. Una fragancia de almendras se fue apoderando de la habitación, lo que le recordó la conversación que tuvo con Régulo acerca del testamento.

Santiago puso los zapatos y la ropa a un lado e hizo lo mismo. con la boa y la piel de zorro, luego miró una vez más dentro de la bolsa para cerciorarme de que no había quedado nada adentro.

—¡Acabo de pagar 100 cruceiros por un montón de basura!

De pura impotencia, Santiago se sentó en el borde de la cama, para tomar aliento y al echarse hacia atrás, sintió un bulto en la espalda. Se levantó de un salto para verificar qué era. Encontró la cartera en forma de sobre.

La cartera tenía dos compartimientos del mismo tamaño y un bolsillo con cierre. Adentro había un frasco redondo con tapa dorada como boca de trompeta. Llevaba una etiqueta negra que decía "French Almond Eau de Toilette" atada al frasco con un cordón dorado. No había dinero, ni tarjeta de identificación.

Decidió abrir el bolsillo, sin esperanza de encontrar mucho, pero para si sorpresa había una libretita abarrotada de números telefónicos. Al sacarla del bolsillo, una tarjeta cayó al suelo:

Rodrigues e Carvalho - Advogados
Ive Gomes Filho
Rua Joachim de Sousa, 1572
Rio de Janeiro-RJ
21540-370
Tel. (21) 2205 6270

Miró al reverso, pero no había nada escrito. «Otro cliente», pensó. Se levantó y caminó por la estancia preguntándose qué diablos iba a hacer. Lo único que Santiago tenía era la libreta llena de números telefónicos y la tarjeta.

No supo si llorar o reírse, pero era claro que si se ponía a llamar a cada número de teléfono, no iba a terminar nunca.

Santiago decidió empezar con la tarjeta.

No había teléfono en la habitación, así que bajó a la recepción con la esperanza de poder hacer la llamada con privacidad. Se acercó al mostrador y vio que había una pareja registrándose en el hotel. Esperó lo que le pareció una eternidad.

Cuando llegó su turno, le explicó a la recepcionista que necesitaba llamar por teléfono al número de la tarjeta. Ella apuntó hacia el fondo del salón.

—Solamente las llamadas locales son

gratis.

—Es aquí en Río —le dijo mostrándole la tarjeta.

Se acercó al teléfono gris que descansaba sobre una mesita redonda en el fondo del salón. Levantó y al escuchar el tono, discó los números. Una serie de bips cortos sonó del otro lado.

Probó una vez más sin incluir el código internacional y tres bips largos se sucedieron antes de que una voz de mujer tomara la llamada. Le pareció escuchar algo como:

—Gódrigues y Carfállo, Ayívogados.

—Buenas, ¿usted habla español? —preguntó.

—Sí, por supuesto, ¿en qué podemos servirle? —dijo ella en un español impecable.

—¿Podría comunicarme con el abogado Ive Gomes Filho?

—No se encuentra en este momento, ¿le puedo tomar el mensaje?

—Mi nombre es Santiago Pujol Cedillo, soy abogado y vengo de Venezuela. Me gustaría mucho hablar con él. Es un asunto personal.

—¿Tiene algún número de teléfono donde podamos devolverle la llamada?

—Un momento, por favor. —Santiago corrió al mostrador de la recepción y tomó una tarjeta del hotel y se devolvió con la misma velocidad.

—¿Aló? Disculpe la espera, aquí lo tengo.

—¿Sí? —dijo la secretaria apuntando los

números que Santiago le dio.

—Por favor, dígale que no importa la hora. Es urgente.

—No se preocupe, ¿algo más?

—No, gracias.

—¡Que tenga un buen día!

—Hasta luego —respondió Santiago.

Le quedó una mezcla de sentimientos encontrados, porque todo dependía de la llamada telefónica, ¿y si eso no conducía a nada?

Las horas pasaban y a las 12:17, decidió encaminarse al comedor para tomar un bocado. Dejó un mensaje en la recepción en caso de que llamaran y se adentró en el restaurante del hotel. Santiago estaba a punto de comerse el segundo plato de frijoles rojos, chorizo picado y arroz, cuando la recepcionista le hizo señas de que tenía llamada telefónica.

—¿Aló?

—Soy el abogado Ive Gomes, entiendo por mi secretaria que usted llamó.

—Sí, es correcto... Me gustaría mucho hablar con usted en persona, es acerca de Zenaida.

—¡No sé de qué me habla! —respondió en tono cortante.

—¡Usted sí sabe de qué le hablo! —dijo Santiago perplejo de su propia reacción— Zenaida tenía una tarjeta suya en la cartera y si me corta la llamada, me presento en su oficina.

Santiago escuchó un suspiro largo del otro lado de la línea.

—No es lo que usted cree... Zenaida es mi hermana.

—¿Eh? Disculpe, permítame explicarle... —dijo Santiago a modo de disculpa— Se trata de una herencia de la cual ella es beneficiaria.

—Si me da la dirección del hotel donde se está hospedando, puedo pasar por allí ahora mismo.

Santiago le dio los datos del hotel y acordaron en verse en media hora.

Se quedó con el auricular en la mano, inseguro de si el abogado le estaba tomando el pelo. Lo puso en su sitio y regresó al restaurante a terminar la comida.

Los granos se pusieron fríos y los nervios no le permitieron tragar bocado. Dejó el plato allí y se fue al vestíbulo a esperar al abogado Gomes Filho.

Santiago escuchó ruido de pasos en el corredor que conduce a la entrada del hotel. Un hombre delgado, tez clara y cabellos rojizos que estaba vestido con traje de chaqueta tipo safari color sepia se acercó. El cuello abierto de la camisa dejaba ver el pecho lampiño adornado por una cadena de oro, de la cual colgaba un crucifijo.

El hombre se acercó con paso resoluto hasta Santiago.

—Usted debe ser Santiago... —dijo el

abogado sin extender la mano.

—Sí soy yo, por favor disculpe el modo como le hablé por el teléfono. La verdad es que no tengo cómo seguirle la pista a su hermana, ¿cree que sería posible hablar con ella?

—No se preocupe por lo del tono. En cuanto a hablar con Zenaida, es imposible —dijo el hombre negando con la cabeza y adoptando una expresión seria.

—¿Por, porqué? Vengo de parte de Régulo Montoya, no sé si usted ha oído hablar de él...

El abogado caminó hacia el saloncito donde estaba el teléfono y Santiago lo siguió.

—Zenaida murió hace casi dos años. —dijo el abogado bajando la cabeza brevemente.

—Oh, lo lamento mucho, de veras. —afirmó Santiago sin poder ocultar la sorpresa— ¿Podría preguntarle de qué murió?

—Los médicos nunca dieron con la raíz del problema. Al parecer todo empezó con mucha fiebre y malestares en el estómago. Luego le salieron manchas en la piel... Parecía un leopardo la última vez la vi. La tenían atada a la cama, para evitar que atacara a las enfermeras. —dijo el abogado clavando los ojos en el piso— Al final, no tuve valor para seguir visitándola.

Hubo un silencio incómodo.

—Me gustaría saber si ustedes van a reclamar la herencia.

—Mi familia no quiere esa clase de dinero...

—Es una suma considerable —insistió Santiago.

—No sé si usted sabe que nosotros somos una familia con mucho dinero. Mis padres son muy conservadores, y ellos jamás aceptarían dinero de Zenaida, que lo único que ha hecho es manchar el nombre de la familia.

—De todas maneras, necesito un documento donde los herederos renuncian a su parte de la herencia. También debo probar que Zenaida falleció, ¿usted cree...?

—No se preocupe, con mucho gusto le haré llegar una copia del certificado de defunción y la carta de renuncia a los bienes de la herencia. Voy a hacer todo lo que esté a mi alcance para que reciba los documentos lo más pronto posible.

—¿Dónde enterraron a Zenaida? Me gustaría llevarle unas flores a nombre de mi amigo, si no le molesta...

—En absoluto. Es el cementerio São João Batista, aquí en Rio. —hizo amago de irse, pero cambió de idea. Se acercó unos pasos y le dijo a Santiago:

—Hay algo que usted debe saber.

**

—¡Santiago, dime que me tienes buenas

noticias! La gente de la funeraria está a punto de volverme loca. —exclamó Dalia tumbándose en una butaca de la oficina de Santiago.

—Sí, muy buenas noticias. Salomé hereda todo, ya que Zenaida falleció hace casi dos años y la familia renunció a la herencia. Aquí tengo copia de todos los documentos que necesitamos. —dijo Santiago recostado al borde del escritorio.

Dalia aplaudió por las buenas noticias y se prendó de Santiago, dándole un beso en el hombro.

Él le tocó el cabello, cerró los ojos y suspiró profundo.

—¿Fue fácil encontrarla? —preguntó Dalia soltándose del abrazo, evadiendo los ojos de Santiago.

—No tuve que salir del hotel. El conserje tenía una bolsa con las pocas pertenencias que Zenaida no logró llevarse y allí encontré una libreta de teléfonos y la tarjeta de un bufete de abogados. Resulta que el hermano de ella Zenaida trabaja allí.

—¡Ah, que alivio! —exclamó— No te preocupes que te vamos a pagar los honorarios. Déjamelo a mí. —dijo ella dando saltitos de contento.

—Hay otra cosa que debes debe saber. —dijo Santiago buscando las palabras más adecuadas— El verdadero nombre de Zenaida es Renato. Renato Gomes Filho.

—¿Renato? ¿Renato no es un nombre masculino? —preguntó Dalia incrédula.

—Sí, Zenaida o Renato, nació varón y al parecer provenía de una familia muy adinerada. Ellos no están interesados en la herencia, porque Zenaida trabajaba de prostituta y quieren evitar el escándalo a toda costa. Por eso creo que lo más prudente sería no contarle esto a Salomé, ¿no te parece?

**

Después de la conversación con Santiago, Dalia sintió como los músculos de todo el cuerpo se relajaban de alivio, se sintió joven, libre. Todo estaba resuelto, ellas pagarían la deuda del funeral y en mucho tiempo no tendrían que estar contando las puyas.

Todo tenía un precio. «Este dinero nos llegó como una bendición», pensó Dalia mientras las lágrimas le corrían incontrolables. A cambio, ella obtuvo la confirmación definitiva del egoísmo y la falta de lealtad de su hermano. No hubo felicidad. a cambio un profundo dolor porque Régulo le dejó todo a una persona que había visto una sola vez en su vida.

Aparentemente ni Salomé ni Dalia contaban para nada en el mundo Régulo. Ellas habían estado allí en la sobriedad y en la borrachera. Todo habría ido a parar a manos de Zenaida, si ella no se hubiese muerto.

Quiso irse directo a casa, pero a la altura de la bodega de Tito, cambió de idea.

—Hola Tito, mi mamá me dijo que habías pasado por la funeraria. Quería darte las gracias.

—De nada, ¿cómo está Salomé?

—Ahí. Tú sabes... No es fácil.

—Mándale mis saludos, ¿Quieres tomarte una malta? Cortesía de la casa... —agregó Tito al verle los ojos anegados de lágrimas.

—Con gusto.

—¿Cuánto cuestan esos claveles rosados?

—¿Son para Régulo?

—Sí —dijo Dalia secándose la nariz con la manga de la camisa.

—Tengo unos claveles blancos...

—¡Rosados! —corté con brusquedad.

—Está bien, —dijo Tito y empacó los tallos mojados en papel periódico.

—¿Cuánto te debo?

—En otra oportunidad me pagas...

—Disculpa lo brusco... —dijo Dalia desarmada por el gesto— Hemos tenido uno días...

—Sí, es duro me imagino. Apúrate antes de que te cierren el cementerio. —dijo Tito para aliviar el tono.

—Gracias, Tito.

—Ve con Dios. —dijo Tito camino a la trastienda.

Dalia apretó el paso en diagonal, hacia el cementerio. No había mucha gente. «Tenía razón Tito, ya deben estar por cerrar», pensó.

En realidad no importaba, porque ella no pensaba quedarse mucho tiempo.

Al entrar al camposanto, Dalia siguió derecho dos veredas y luego cruzó a la izquierda, donde entierran a los ricos, había oído decir. Un vaho emanaba perezoso de la tierra, por la lluvia de unas horas antes. Dalia siguió unos cincuenta pasos hasta un corredor paralelo al muro del cementerio y se detuvo al frente de la fosa donde Régulo yacía.

Ya habían comenzado a montar las láminas de mármol, pero todavía faltaba mucho por hacer. Las coronas del entierro estaban apiladas a un lado marchitándose a la intemperie.

Se quedó parada allí unos segundos, miró alrededor y dio tres pasos adelante, quedando parada a la altura de donde se suponía que yacía la cabeza de Régulo. La tierra a sus pies se sentía suave, acolchonada. El viento no movía una sola hoja. Lo único que se escuchó fue una bandada de palomas que rompió al vuelo, perdiéndose a lo lejos.

A Dalia no le importó que los zapatos se le llenaran de barro. Volvió a mirar alrededor y al cerciorarse de que no había nadie, tiró el ramo de claveles en la fosa, como si se tratara de algún objeto que se tira a la basura.

—¡En vida te dimos flores y lo único que recibimos fue mierda! —dijo separando las piernas.

Luego se metió la mano debajo de la falda y rodó las bragas a un lado.

Una ráfaga de aire frío se coló entre las piernas. Dalia miró a su alrededor una vez más para estar segura de que nadie la observaba. Con esta última constatación, relajó los músculos del vientre y cerró los ojos.

—¡Descansa en paz! —murmuró, vaciando la vejiga.

Presunta Indecente:
La Historia de Maruja Colina

PRÓLOGO

MIRELLA Y Gaspare Pellegri vivían en Taormina, en la costa este de la isla de Sicilia. Inseparables desde la infancia, nadie se sorprendió cuando anunciaron la boda.

Compraron el único hotel de la ciudad, el cual rebautizaron "Corso Umberto" y que además floreció gracias al esfuerzo de los nuevos dueños, hasta convertirse en el hospedaje más célebre de la zona.

En muchos aspectos, Mirella y Gaspare lo tenían todo o casi, ya que lo que les faltaba para coronar la obra de sus vidas era tener hijos, y ya se habían adentrado a los cuarenta cuando empezaron a perder la fe.

Al final de la tarde, Mirella se sentaba en la ventana a lamentar que se había convertido en una "gallinita estéril". Gaspare, para consolarla accedió a probar todo lo que estaba al alcance pero sin mucho resultado, y cuando ya estaban a punto de darse por vencidos, Mirella salió embarazada.

La niña nació a los ocho meses. Era frágil pero encantadora. Una pelusilla de piel de durazno le cubría el cuerpecito y la vivacidad de sus ojos de miel le iluminaban el rostro. Le pusieron Franca.

Franca se convirtió en el tesoro de los Pellegri. ¿Quién se iba a imaginar que la niña que correteaba por las habitaciones del hotel de sus padres de la mano de su amigo Tomaso, se iba a convertir en una joven mujer con el encanto de una diosa?

Mirella y Gaspare estaban conscientes de las emociones que despertaba Franca en los hombres, pero confiaban en ella algún día iba a casarse con Tomaso Lombardi. De hecho, todo el pueblo tenía la misma impresión de que Franca y Tomaso terminarían intercambiando alianzas matrimoniales en la Catedral de Taormina.

En el verano de 1974, el hotel "Corso Umberto" abrió sus puertas al joven Cesare Piccio. El recién llegado era un ejemplar hermoso, de ropas costosas y andar felino. Tenía los bolsillos llenos de dinero y no ponía reparos en dar grandes propinas. Pronto todos en el pueblo estaban hablando del generoso visitante.

Franca sintió el impacto de un rayo al verlo por primera vez y un cosquilleo en la boca del estómago la mantuvo despierta las noches siguientes. Nunca antes se había confrontado con un hombre del formato de

Cesare. Si bien era cierto que llegaban muchos turistas al hotel de sus padres, también era cierto que ninguno la había impactado como él. Cesare tenía un aire de gran mundo, que la hacía sentirse pequeñita e indefensa. A veces se regañaba por su falta de firmeza y hasta empezó a hacer rodeos para no coincidir con él en los pasillos del hotel.

Cesare por su parte, tampoco era indiferente a la belleza estatuaria de la "moza del hotel". La espiaba desde la ventana de su cuarto con la paciencia de un pescador. Tenía la certeza de que muy pronto ella se rendiría ante su encanto. Sin querer apurar las cosas, y para no espantar a la chica, Cesare la invitó a caminar por el paseo Corso Umberto a plena luz del día.

La estratagema funcionó y no pasó mucho tiempo antes de que los dos recorrieran toda Taormina montados en la vespa que rentó a través del hotel. Así fueron a parar a Isola Bella para oír cómo las olas lamían la orilla y en una de esas visitas a la costa, Cesare empezó a darle besos castos en las manos, pero las caricias se hicieron más íntimas y luego ya no hubo nada que pudiera detenerlos.

Tomaso Lombardi, que creció junto a Franca, sabía que su destino era ella. Franca esa el amor de su vida. A veces caminaban tomados de la mano y comentaban, entre bromas, que al pasaje Corso Umberto le faltaba la imagen de la virgen María, pero eso era

antes de que llegara el forastero. Ahora,
Tomaso miraba como el turista se llevaba
a Franca montada en la vespa, sin poder hacer
nada. Él era el primero en reconocer el carisma
de Cesare, y como quería a Franca sin egoísmo,
le pidió a la virgen que este hombre supiera
amarla como ella se merecía y la coronara
como a una verdadera reina.

Lo único que Cesare le coronó a Franca
fue una barriga y ella soltó la noticia sin
saberlo a juzgar por la manera protectora como
se cubría el vientre con las manos. De repente,
ya Cesare no tenía tiempo para largos paseos
en la vespa y tampoco se le veía mucho en el
pueblo.

Franca creció en un hogar lleno de amor,
rodeada de la ternura de sus padres y carente
como estaba de referencias de maldad, decidió
esperar a que Cesare pidiera su mano. Ella
jugaba con la idea de que ambos se quedarían
viviendo en hotel y tomarían las riendas
cuando Mirella y Gaspare se retiraran.

A Cesare, en cambio, la chica ya le
resultaba una molestia, y ¿por qué no decirlo?
Un poco pegajosa para su estilo, ya estaba
buscando la manera de como salirse de barullo.

Para empeorar las cosas, ya él tenía la
certeza de que había pan en el horno. Ella
misma lo confirmó esa noche, cuando se fueron
a comer helados envueltos en una especie de
oblea que los locales llaman cannoli. Ella aclaró
que podían hacer los arreglos para casarse lo

antes posible.

Franca sintió la carcajada de desprecio que soltó Cesare al saber la noticia de su embarazo como un golpe en la cara. La paciencia y los modales del galán desaparecieron, a tal grado, que a ella le pareció estar hablando con un mafioso. Franca pensó, por un segundo que él le estaba gastando una broma, que pronto la tomaría en sus brazos y le diría que no había problema, que prepararían todo para la boda, pero no pasó. Cesare hasta tuvo la desfachatez de insinuar que el verdadero padre del bebé era Tomaso Lombardi.

Por lo menos tuvo la decencia de escoltarla hasta el hotel y esa fue la última vez que se vieron. Una vez en la recepción, Cesare corrió escaleras arriba hacia su habitación y a la mañana siguiente nadie supo nada de su paradero.

Franca, al enterarse que el turista se había largado sin pagar la cuenta, decidió hablar con Tomaso, quien escuchó toda la historia con los puños tan apretados que terminó encajándose las uñas en las palmas. Tomaso ofreció casarse con ella y hacer ver que él era el verdadero padre del bebé.

Franca agradeció el gesto, pero nunca habría aceptado una cosa así. Todavía creía que Cesare volvería a pedirle perdón y matrimonio, pero al pasar los días y al morir el verano, se convenció de que ella fue una más de la lista.

Tomaso se corroía de rabia y secretamente empezó a indagar acerca del paradero de Cesare. Así se enteró de que Cesare Piccio era un nombre ficticio y que el patán ni siquiera vivía en Italia. Cesare o como quiera que se llame, se había embarcado rumbo a algún lugar en Latinoamérica.

A Franca la devoraban la vergüenza y el desamor. Mirella y Gaspare trataban de consolarla con que el bebé era una bendición para la familia, pero Franca se desconectó del mundo. Dejó de comer y al caer la noche, vagaba por las calles de Taormina en busca de Cesare. Tomaso, Mirella y Gaspare se turnaban para traerla de vuelta al hotel.

A principios de otoño Franca desapareció y después de dos días de intensa búsqueda fue Tomaso quien le pidió a la policía ser el portador de la mala noticia. Habían encontrado a Franca, sin vida, flotando a orillas de la playa; en Isola Bella.

Al morir Franca, Tomaso pensó erróneamente que la vida había perdido sentido, pero al conocer los detalles de la muerte, su vida ganó un nuevo objetivo. Antes de acostarse cada noche, Tomaso se arrodillaba frente a la estampa de la virgen María que colgaba en su habitación.

—Entrégame a Cesare Piccio y honraré tu imagen. —le pedía en voz baja.

1976

Character is like a tree and reputation like a shadow.
The shadow is what we think of it;
the tree is the real thing.
Abraham Lincoln

DOS NIÑAS vestidas de ángel lanzaban pétalos blancos, mientras Enzo caminaba en silencio al lado Maruja hacia el altar, simbolizando el viaje del matrimonio.

La boda pudo haber sido perfecta, de no haber sido por la densa capa de neblina que cubría al pueblo, a pesar de que era mediados de junio, y si Viktor-Walter no se hubiese encaprichado con la peluca del tío Piero.

Los novios estaban esperando a que el padre se acercara, cuando se oyó el tumulto entre los invitados. Viktor-Walter corrió, montó las patas delanteras en el reclinatorio. La dentellada certera alcanzó la melena del tío Piero y salió corriendo con el trofeo en el hocico.

Fue memorable ver al tío Piero correr detrás del perro para recobrar sus cabellos. No era normal eso de un perro en la iglesia, la excepción se debía a que Viktor-Walter era el compañero inseparable de Gustavo Luján, uno de los invitados. Muchos de los presentes se llevaron la mano a la boca para contener las risas. El tío Piero sin embargo, lo tomó con elegancia. Recuperó su peluca, le acarició la cabeza a Viktor-Walter e hizo una reverencia dando permiso para que continuara la ceremonia.

Una vez declarados marido y mujer, los novios salieron al portal de la iglesia, donde fueron recibidos con una lluvia de papelillos. Seguidamente los novios liberaron las palomas para simbolizar amor y felicidad.

El Rolls-Royce blanco que los transportó a la sala de fiestas estaba decorado con globos y cintas de raso blanco. El club "Fiume Veneto" de la comunidad italiana en La Neblina sirvió de marco para la fastuosa celebración. Las mesas redondas esparcidas en el fondo del salón, con sillas forradas de satín blanco y lazos rosados, daba espacio para la pista de baile. La cristalería reflejaba destellos dorados que provenían de la luz de los candelabros. Hubo antipastos, la sopa italiana y los postres tradicionales. El brindis fue muy emotivo, sobretodo cuando la familia de Enzo gritó: "evviva gli sposi" al chocar las copas.

Amanda estaba muy emocionada, y no hacía otra cosa que llorar. Las veces que pudo, Maruja se sentó con ella para charlar un poco.

—Hijita, aunque estés casada, mis puertas siempre estarán abiertas.

—Gracias Amanda, tú siempre serás

como mi verdadera madre. —Le aseguró Maruja dándole palmaditas en la mano.

Mateo se les acercó. Llevaba una copa de champaña en la mano.

—Disfruta la fiesta Maruja, yo me encargo de esta hermosa dama, ¿dime si no soy afortunado por estar casado con esta maravillosa mujer? —Preguntó Mateo tomando el brazo de Amanda para conducirla a la pista de baile.

—Yo soy la afortunada por tenerlos a ustedes en mi vida. Ustedes se encargaron de mí, cuando nadie hubiera dado un centavo por mi suerte. Gracias a los dos. —Respondió Maruja tomando las manos de sus padres adoptivos.

—¡Anda! Disfruta tu fiesta. —Le dijo Mateo tratando de esconder su propia aprehensión.

Mateo no compartía el entusiasmo de su esposa. Desde su punto de vista, esto no era más que un circo montado por Enzo y su familia.

—¡Esto es de mal augurio! Si así es ahora, imagínate como va a ser cuando Maruja firme el certificado de matrimonio. —le comentaba a Amanda antes de irse a la cama.

Amada también estaba preocupada. Ella veía con recelo cómo la familia de Enzo expandió su influencia hacia todas las actividades de la boda, pero admitirlo, hubiera sido echarle más leña al fuego. Al principio, habían acordado que ellos se encargarían del evento eclesiástico, pero no pasó mucho tiempo cuando la familia de Enzo estaba opinando en asuntos de la recepción, el vestido de boda y el destino de la luna de miel.

**

Enzo y Maruja se fueron directo a la habitación del hotel al dejar la fiesta. Cuando Enzo prendió las luces, una habitación estilo romántico les dio la bienvenida. La inmensa cama decorada con lencería verde agua y blanco ocupaba el centro de la estancia. En el centro de la cama descansaba un cisne navegando en un lago de pétalos rojos.

Entre las alas del cisne, había una tarjeta que Maruja se apresuró a leer.

"Que tengan vida feliz", decía en letras enroscadas.

—¿Te gusta la habitación?

—¡Me encanta, es perfecta! Gracias Enzo, tú nunca reparas en gastos para hacerme sentir como una reina. —Maruja respondió con una sonrisa. Le preocupaba que Enzo la pagara con el botones, como lo hizo en la sala de fiestas. Al parecer él no era tolerante con la gente que le prestaba algún servicio. A ella se le ocurrió comentar que la comida hubiera estado perfecta, si hubiese estado más caliente. Enzo le dio un bofetón al mesonero porque este le echó la culpa al chef.

Así que cuando Maruja vio a Enzo devolverle la sonrisa, ella empezó a dar vueltas sobre sí misma hasta caer en la cama.

Le parecía mentira que tantos meses de preparativos habían culminado en la más hermosa fiesta de matrimonio que el pueblo de La Neblina había presenciado jamás.

Enzo, por su parte, caminaba por la habitación como una pantera. Los tragos y los meses de preparativos se le vinieron encima. Gracias a Dios, ya todo había pasado. Mañana estarían volando rumbo a Maui para pasar la luna de miel.

—Cara mía.

—Dime —le contestó Maruja, haciéndole señas para que se acostara con ella.

Él apagó las luces y se echó en la cama junto a su esposa. Maruja se quedó mirándolo, mientras el corazón le latía con furia. Sus ojos verdes la quemaban aún sin siquiera tocarla. Le encantaban los ricitos de cobre que se arremolinaban en las cienes. Aquel hombre era por fin su esposo. A Maruja le parecía increíble lo afortunada que era. Ya tenían más de un año conociéndose y no se le quitaba la sensación de hielo en el estómago cuando estaba a su lado. Se sentía tan poca cosa, como si ella no era suficiente para un hombre del calibre de Enzo Pirozzi.

Se amaron en silencio, mientras la oscuridad cubría la habitación con su manto de tul. Al terminar, Maruja quiso abrazarlo, pero él la rechazo dándole la espalda.

—¡No eres virgen!

—¿Qué? Si nos hemos estado amando los últimos ocho meses, es imposible que lo sea... ¿A qué viene eso? —Preguntó mansamente mientras le ponía la mano en el hombro para hacerlo voltearse.

—Has debido pararme, mostrar más carácter. No sé... hacerme esperar hasta que estuviésemos casados... —dijo haciendo una pausa— Solamente estaba diciendo que te casaste sin ser virgen. ¡Técnicamente hablando eres una zorra! —Agregó con una sonrisa.

Maruja lo miró sin saber cómo interpretar lo que Enzo estaba diciendo. ¿Estaba bromeando o lo decía en serio? Luego de unos instantes, ella se atrevió a preguntar:

—¿No te parece que es un poco tarde para esas consideraciones? ¿Por qué no me lo dijiste la primera vez?

—Vamos a jugar a que yo te castigaba por ser una putilla empedernida —propuso Enzo ignorando la pregunta. —Estoy seguro de que te va a gustar —dijo y saltó de la cama a buscar sus pantalones.— ¡Anda, arrodíllate!

—La verdad es que estoy cansada para juegos. Ven acuéstate aquí conmigo y deja de decir tonterías. —respondió Maruja sacudiendo la cabeza.

El cinturón de Enzo cortó el aire y le laceró la espalda desnuda, una, dos, tres veces. Una mezcla de horror y sorpresa la dejaron sin palabras, tratando de esquivar los correazos que caían sobre ella.

—¡Deja!

—¡Arrodíllate!

Sin esperar la reacción de su esposa, Enzo la tomó por los cabellos y la obligó a arrodillarse. Maruja empezó a sentir los latidos del corazón en la garganta y las manos no respondieron cuando trató de amortiguar la caída, pegando la cabeza contra el borde de la cama. Enzo agarró los cabellos de su esposa y le dio una bofetada, luego empezó a caminar en círculos que alternaba con correazos. De vez en cuando mascullaba algo en italiano.

Maruja se incorporó como pudo y trató de correr, pero Enzo la atajó llegando a la puerta.

—¿Pero, qué hice? —Preguntó Maruja sin poder contener las lágrimas.

—¡Eres una puta! —Le susurró Enzo mientras la frenaba por los cabellos, mientras la condujo hasta la cama y la obligó a sentarse.

—¡Me convertiste en un pecador!— Despacio Enzo tomó el extremo de la correa y le hizo un nudo. Ante la paliza inminente Maruja apretó la boca y cerró los ojos en espera del castigo que nunca llegó. Abrió los ojos despacio y vio a su marido de cara a la paced, los brazos extendidos como un crucificado. La correa en la mano derecha infligiéndose latigazos que salían por debajo del costados y otras veces por encima del hombro.

Maruja trató de detenerlo, pero Enzo la empujó y siguió auto flagelándose hasta perder el aliento y de un golpe cayó de rodillas a los pies de ella.

— ¡Perdóname Maruja! Yo también soy un pecador, perdóname, perdóname —repetía Enzo enterrando la cabeza en los pies de su mujer— No va a volver a pasar, te lo prometo.
Ella lo levantó y lo condujo a la cama, él se acostó apoyando la cabeza en el regazo de su esposa. La sorpresa y el temor a que él volviera a atacarla la llevaron a acariciarle la cabeza a su marido. Se sintió patética por la carencia de sentimientos. Solamente una mezcla de sorpresa y vacío. Su marido le pareció tan ajeno, que Maruja tuvo la sensación de estar acariciando un repollo. Las lágrimas corrían sin parar.

En ese preciso instante Maruja llegó al convencimiento de que lo mejor era salir de la vida de Enzo. Huir, escapar lo más pronto posible. De lo contrario se repetiría la misma historia de donde ella misma había salido, justo cuando Mateo y Amanda decidieron hacerse cargo de ella.

Gracias a ese par de viejos, Maruja tuvo la oportunidad de llevar una vida normal. De ninguna manera ella se iba a sumergir en los horrores de la niñez. En aquellos tiempos, ella no podía defenderse, pero ahora ella era una persona adulta. Ella no iba a dejar que ningún hombre le hiciera lo que le hicieron a su madre, quien terminó desapareciendo sin dejar rastro.

—¿Qué pasó aquí? —se preguntaba Maruja en voz baja, mientras veía a su marido perdido en el más profundo sueño. Hace un par de minutos atrás él estaba repartiendo latigazos a diestra y siniestra y ahora se quedaba dormido como un bebé.— ¡Esto no es normal! Sí, Enzo tiene un carácter horrible, pero con los choferes y mesoneros, no conmigo, ¿cómo es posible que no me haya dado cuenta de esto? ¿Qué hice, Dios mío?

Maruja esperó un rato más, luego levantó la cabeza de su esposo, lo alargó como pudo sobre la cama y lo cubrió con las sábanas que yacían dobladas al pie de la cama. Luego caminó de puntillas hacia el maletín de mano que había traído consigo, lo tomó y se escurrió fuera de la habitación.

**

—Dios mío! ¿Qué le pasó? Venga por aquí, por favor —dijo una camarera, que iba pasando con una hielera en la mano. Al ver a Maruja semidesnuda, la condujo hasta un depósito de enseres, cerca del ascensor.

—Aquí puede vestirse sin que la vean en ese estado. —Le dijo y salió dejando la puerta ligeramente abierta.

Maruja se puso el cambio de ropa que había en el maletín y se encaminó hacia la recepción.

—¿En qué puedo servirle? —Dijo la

recepcionista sin poder ocultar el asombro.

—¿Podría llamar un taxi, por favor? — preguntó Maruja ignorando la reacción de la chica al verla con la cara amoratada.

—Enseguida. —Respondió la recepcionista mientras agarraba la bocina y marcaba los números.

—¡Apúrese, por favor! —ordenó Maruja mirando nerviosa hacia el pasillo por donde había venido.

—El taxi viene en camino. —Anunció la recepcionista— Se puede sentar aquí mientras espera… —propuso en tono solícito mientras apuntaba a una oficina que quedaba detrás de la recepción.

Maruja accedió a la sugerencia, por temor a que Enzo se despertara y bajara a buscarla. Entraron juntas al recinto que no era tan pequeño como Maruja se había imaginado. Había dos escritorios hacia la pared del fondo con carpetas apiladas en el más perfecto orden.

Una cartelera, dos teléfonos y un dispensador de agua con una torre de vasos de plástico sobre la botella era lo único que llenaba la oficina.

—¿Desea tomar algo?

—Sí por favor, un vaso de agua.

La chica sirvió el agua y en ese instante escuchó el motor de un auto que se detuvo frente al hotel. Ella salió a ver quién era y regresó a los pocos segundos.

—El taxi ya está aquí. —Anunció.

Maruja se apuró a la salida escoltada por la recepcionista que vio un par de veces en dirección a las escaleras, para asegurarse que nadie venía en esa dirección. Llegaron hasta el carro que esperaba en la puerta.

—¿Dónde la llevo? —preguntó el chofer.

—No sé. Lejos de aquí.

**

—¿Maruja?

El sol se colaba por las cortinas de la habitación en silencio. Enzo miró a su alrededor y pudo recordar trazos de la noche anterior, la boda, la fiesta, las tarantellas que bailó con Maruja, los Amaretto que se tomó, la llegada al hotel…

Pensó que Maruja estaba en el baño, pero al no tener respuesta se reclinó sobre el codo quedando medio sentado en la cama. Notó que el maletín de mano que Maruja había traído consigo no estaba donde ella lo había dejado la noche anterior. Se levantó de la cama de un salto y fue al baño.

Al corroborar que su mujer no estaba allí y que tampoco había rastros del maletín, se puso la ropa con que vino la noche anterior, se echó agua en la cara y salió a casa de sus padres.

—¿No deberías estar rumbo a Hawái?

—Maruja desapareció —replicó Enzo haciendo a su hermano a un lado. Siguió directo hacia la cocina en busca de Concetta. Al no verla, se devolvió hacia la sala.

—¿Dónde está mi mamá?

—No tengo la menor idea, ella dijo para donde iba, pero no le presté atención. Debe estar aquí cerca. —Dijo Gino rascándose la cabeza.

—¿Qué pasó con Maruja?

Enzo ignoró la pregunta y siguió buscando en las otras habitaciones de la casa. Iba camino hacia la calle cuando Concetta y Albano estaban entrando a la casa.

Intercambiaron miradas de asombro al ver a Enzo parado en medio de la sala.

—¿Qué haces tú aquí? Ya te hacíamos montado en el avión...

—¡Mamma!

Enzo y Concetta se abrazaron.

—Se fue. Castigué a Maruja porque no era virgen. Había planeado entregarla a sus padres hoy en la mañana, pero cuando me desperté ya no estaba en hotel.

—¿Cómo que la castigaste? —le preguntó Albano llevándose las manos a la cabeza.

—No es virgen, Maruja se merecía el par de azotes que le di.

—¿Azotes? ¿Tú estás loco? —preguntó su hermano menor desde la puerta de la cocina.

—¡Gino, esta vaina no es contigo! —le advirtió Enzo a su hermano menor.

—Puede ser que Maruja sea tu esposa, pero ahora debes responderle a la familia. —lo amonestó Albano.

—¡Déjenlo hablar! —gritó Concetta exasperada por los comentarios de Gino y su marido.

—No hay mucho que decir, mamma. Maruja no es virgen y la mandé para su casa. Y eso es lo que hay que repetirle a quien pregunte. ¿Estamos claros? —Dijo Enzo buscando la mirada de los tres.

—Seguro *bambino* —se apuró a decir Concetta, quien miró a su marido para hacerlo confirmar que estaban de acuerdo— Caro, te lo dije que no era buena idea que te casaras con Maruja. ¡Imagínate! Una muchacha que ni siquiera sabe el paradero de su propia madre…

—¿Y si Amanda y Mateo vienen aquí en busca de una explicación? Ellos son como sus padres. —agregó Albano visiblemente preocupado.

—No creo que vengan. A estas alturas deben estar avergonzados de haber adoptado a Maruja.

—¿O sea, que tú no vas a hablar con ellos? —preguntó Albano sin poder ocultar su desagrado.

—Si vienen, converso con ellos. Si no, lo dejo así…

—Lo que quiero decir es que tú deberías tomar la iniciativa, ¿no lo ves?

—No me interesa. —Remató Enzo cruzando los brazos.

—¡Tú le debes una explicación a Mateo!

—explotó Albano indignado, mientras se sacudía la mano de Concetta quien trataba de agarrarle el brazo para impedir una confrontación— ¡Eso no lo aprendiste en esta familia! —gritó Albano mientras le asestaba un golpe a la mesa del comedor, luego tomó un respiro profundo y se acercó lo más que pudo a su hijo— Yo no te voy a sacar la pata del barro, como hice con la pobre muchacha esa que arruinaste hace dos años. Usted insistió en casarse con Maruja, ahora usted le explica a la familia porqué no la quiere más, ¿entendido? —Remató apretando los dientes.

Enzo salió de la casa de sus padres dando un portazo.

**

—La Cigüeña Dorada, buenos días…

—¿Aló mamá?

—¿Maruja, eres tú, dónde andas hija? La gente está diciendo cosas terribles de ti. ¿Es cierto que Enzo te botó? —susurró Maruja mirando alrededor para asegurarse que no había clientes escuchando la conversación.

—No mamá Enzo no me botó, yo me escapé del hotel. Estoy aquí en casa de Carmen Luisa, no te preocupes.

—¿Cómo?

—Sí mamá. Enzo es una persona muy violenta. Me dio una cueriza que si no me escudo me saca un ojo.

—¿Por qué no vienes a la casa y hablamos, hija o prefieres que vayamos a verte?

Maruja dudó un momento.

—No mamá, no es necesario, hago una diligencia y luego voy para allá.

**

El colegio San Judas Tadeo quedaba lateral al edificio de la gobernación, en el casco central de la Neblina. Era una casa colonial, cuya fachada estaba en perfecto estado de conservación. Se trataba de un colegio privado que aceptaba a todo el que pudiera pagar la inscripción, pero sin duda que terminó dedicándose a atender las necesidades de los hijos de inmigrantes provenientes de Europa, especialmente de España, Alemania, Portugal e Italia.

Cuando Maruja entró a la escuela, vio a Rosa, una de sus colegas, quién arriaba a sus alumnos como un rebaño de ovejas para hacerlos entrar a la clase. Le hizo señas, pero para no retrasarla se fue directo a la sala de espera, ya que tenía esperanza de hablar con la directora.

—Maruja tú por aquí, ¿en qué te ayudo?

—Mil gracias por atenderme.

—La secretaria me dijo que has estado llamando. Disculpa que no devolví las llamadas. —Dijo con evasivas.

—No hay problema. Era solamente para preguntar si puedo volver a trabajar. Me imagino que habrás escuchado lo que pasó después de la boda... —Maruja dio un suspiro largo y estaba a punto de continuar, cuando la directora la interrumpió.

—¿Quieres tomar algo, un café?

—Gracias, pero no quisiera molestar. Como te estaba diciendo... —empezó Maruja en un intento de retomar la conversación, pero la directora la cortó en seco.

—Maruja, no me parece buena idea que vuelvas. —dijo bajando la cabeza— Vamos a esperar un tiempo, porque todo está muy reciente y hay padres que han expresado su desagrado por el escándalo que se ha desatado a raíz de lo que ocurrió después de la fiesta.

—No entiendo, ¿qué tiene que ver un asunto privado con mi cargo de maestra?

—En realidad, mucho, porque la gente está murmurando cosas muy feas acerca tu escapada.

—¿Mi escapada? Mi vida estaba en peligro, ¿qué querías que hiciera?

—Como te dije antes, —continuó la directora ignorando la pregunta de Maruja— hay padres que han llamado para presionar, si tú no sales de la escuela, ellos van a llevar a hijos a otra parte. Al parecer ellos creen en la versión de tu marido.

—¿Y tú?

—No se trata de lo que yo crea... El

problema es que esto es una escuela privada y si los representantes empiezan a sacar a los alumnos, tengo que tomar medidas para proteger este negocio.

—Un momento… ¿Quién está llamando? —Preguntó Maruja poniéndose de pie.

—Te lo voy a decir porque te aprecio y estoy sinceramente preocupada por tu situación, pero no quiero problemas, ¿ok?

—¿Es Enzo? —Trato Maruja de adivinar.

La directora dudó un instante y negó con la cabeza.

—¿Y entonces quién es?

—Tu suegra —murmuró con los ojos clavados en el piso.— Ella ha contribuido con fuertes sumas de dinero y hasta me pidió que no te dejara poner un pie aquí en la escuela y ya me comentaron que también está llamando a las otras maestras. ¡Ten cuidado con esa mujer!

—¿Concetta? —Repitió Maruja incrédula.

—Sí, Concetta. Tengo la impresión de que ella va a hacer lo que sea por dañarte.

—¿Cuántos años he trabajado para ti? —Ahora enrojecida de la furia.

—¡No me culpes! Yo sé que tú eres una persona decente, trabajadora y los alumnos te adoran, pero tampoco puedo negar que me asustan las represalias de tu suegra, si uno se le atraviesa en el camino.

—¡Increíble! —dijo Maruja tomando su cartera. Se levantó despacio y sin despegar la vista del piso, salió de la oficina mientras cerraba la puerta con cuidado.

Afortunadamente los pasillos estaban desiertos. Hubiera sido muy duro tener que saludar a sus alumnos sabiendo que a lo mejor sería por última vez, pensó Maruja camino hacia la salida.

Una vez en la calle, Maruja quiso irse directo a casa de Amanda, pero al ver Dodge Dart marrón claro que servía de taxi, cambió de idea.

**

El chofer condujo despacio por el conjunto residencial para estacionarse en la casa nro. 52.

—No me va a llevar mucho tiempo, ¿podría esperarme?

—¿Cuánto tiempo? —Preguntó el chofer mirándola a través del espejo retrovisor.

—No más de veinte minutos. Quizá menos, si no hay nadie…

—Ok.

Maruja asintió y salió del carro. La separaban pocos pasos de la fachada de la casa. Abrió el portón negro de hierro forjado, siguió por el camino de grava y pasó al lado de la fuente. Era un ángel con un pez en los brazos de cuya boca manaba un hilo de agua. Siguió hasta la parte trasera con la esperanza de que la puerta que conduce a la cocina estuviera abierta.

—¿Buenas?

—¡Hay que ver que tú si eres caradura! ¿Qué haces tú aquí? —preguntó Concetta que venía secándose las manos con un paño de cocina. La cara sudada, los rizos teñidos y el exceso de maquillaje le conferían el aspecto de una bruja.

—¿Cómo pudiste hacerme eso? No te llevó mucho tiempo contactar a la escuela y dejarme sin trabajo...

—¿Y a ti? No te llevó mucho tiempo abandonar a mi muchacho. Eso es lo que pasa si te metes con esta familia. —Ripostó sacudiendo los brazos. Las pulseras de oro que llevaba puestas tintineaban con cada movimiento.

«El dinero no compra la clase», pensó Maruja.

—¿Qué querías que hiciera, después de la paliza que me dio?

—¿A qué viniste? Enzo no te quiere... —dijo Concetta mientras lavaba unas verduras, de repente algo se le cayó al piso y Concetta se puso en cuatro partas para recuperarlo, dejando al descubierto su enorme trasero de matrona.

—Puedes dormir tranquila, yo tampoco pienso volver con Enzo, vine porque no me parece justo que uses tu influencia para perjudicarme. —Le contestó mirando hacia la ventana para ahorrarse lo grotesco de la imagen de su suegra gateando por el suelo de la cocina.

— ¿Te refieres al colegio? Ese es solamente el comienzo. Si le haces daño a mi Enzo, vas a tener que irte de La Neblina. — agregó la suegra ahora incorporándose del suelo—. ¡Ginnoo! — Llamó.

— ¿Quéé? — Se escuchó la voz del hermano menor de Enzo desde algún lugar de la casa.

— ¡Apúrate! — gritó Concetta con un dejo histérico en la voz.

Se escudaron los pasos de Gino al acercarse a la cocina.

— Hola, Maruja — saludó Gino con una sonrisa y estaba a punto de darle un abrazo, cuando Concetta intervino.

— Llama a tu papá y dile que questa puttana — ojeando a Maruja de arriba abajo— está aquí y anda buscando problemas.

— No es necesario Concetta, ya me voy.

— Bastante que le dije a Enzo, que no se casara contigo...

— Lástima que no te escuchó, así nos hubiéramos ahorrado este circo. — dijo Maruja en voz baja mientras se dirigía a la puerta.

— Una mujer que no tiene sentido de lo que es la familia... Mira que salir huyendo la primera noche de bodas... Bueno... ¿Qué podía esperarse de una que ni siquiera sabe el paradero de su propia madre?

Maruja quien ya iba camino a la salida, se

paró en seco y se devolvió con el corazón galopante.

—Concetta, ¡qué bondadosa eres! — musitó con la voz cargada de ironía— ¿Sabes qué? No me costaría creer que tu difunta madre se esté escondiendo en alguna parte del mundo de una bruja como tú.

—¿Quéé? ¡Tú no tienes nada que decir de madre, fuera! —Gritó persignándose. Los ojos inyectados de furia.

Maruja salió de la lujosa vivienda en dirección al taxi. Todavía se escuchaban los gritos de Concetta.

**

Amanda se dirigió a la que fuera la habitación de Maruja antes de casarse, y al ver la cantidad de cajas de mudanza apiladas en todas partes, se dio cuenta de que todavía había mucho que transportar, pero Maruja insistió en hacerlo ella misma a su regreso de la luna de miel. Ahora todo era tan incierto, lo que la hizo jugar con la idea de que a lo mejor Maruja regresaría a vivir con ellos permanentemente.

Se sentó al borde de la cama a observar las cosas que su hija había atesorado por años desde que había sido rescatada del infierno que su madre biológica la había sometido...

Ahora Maruja acababa de cumplir los 31 años y Amanda no quería dejarla partir. Sobre la mesa de noche vio la compilación de cuentos de H.C. Andersen que Amanda le leyó de niña antes de dormir y que ahora Maruja utilizaba para las clases en la escuela.

Escuchó ruidos de alguien en la entrada. Le pareció improbable que Mateo dejara la tienda sola a esta hora del día, así que salió a ver quien era.

—Maruja hijita, Dios te bendiga. ¡Qué bueno verte, ven pasa! —Amanda se acercó a recibir a su hija y la apretó en un abrazo, luego se separó para verle la cara. —A ver, déjame echarte un vistazo... —se llevó la mano a la boca al ver los moretones. —Mira como te dejó el hombre ese...

—No es nada mamá, ya estoy mucho mejor, ¿cómo están ustedes?

—Imagínate hija, a punto de volvernos locos, sin saber de ti, ¿porqué no te viniste directo para acá? —preguntó con un leve tono de reproche.

—Perdóname mamá, pero no quería que me vieran así. Además, pensé que este era el primer lugar donde Enzo vendría a buscarme. Por eso no quise venir...

—¿Cual fue la diligencia que fuiste a hacer? —preguntó mientras le acariciaba el cabello.

—Fui a la escuela para ver si podía comenzar a trabajar de nuevo. Con eso de la luna de miel, ella consiguió una maestra suplente.

—¿Cuándo empiezas?

—Desgraciadamente no empiezo, la directora quiere que me mantenga alejada por un tiempo hasta que las cosas se calmen. —Maruja bajó la cabeza y se miró las manos—Concetta se puso a presionar y no quiere que yo ponga un pie en la escuela. Yo tengo fe que voy a recuperar mi empleo y todo va a volver a la normalidad.

—¿Y si no vuelve a la normalidad?

—¿Por qué lo dices?

—Hija, tú eres maestra y por lo que me estás diciendo, Enzo ha destruido tu reputación. Crees que haya escuela en La Neblina que te quiera dar empleo?

—Mamá esto no es la España de las que ustedes huyeron —la calmó Maruja con una sonrisa.

—Sí, pero Enzo anda diciendo que eres una p… —Amanda no pudo terminar la frase.

—Enzo tiene miedo que lo denuncie en la policía.

—¿Loo-lo vas a denunciar? —preguntó Amanda con cautela.

—Sí, yo lo amo, pero no puedo perdonar lo que me hizo…

—¿Es cierto que no eres virgen?

—Si, pero el único hombre en mi vida ha sido Enzo. —Le contestó Maruja mirándola a los ojos

—¿Qué vas a hacer?

—No puedo volver con él porque le tengo

miedo. Enzo está desquiciado, ahora es una persona maravillosa y luego en cuestión de segundos se transforma en un monstruo. No voy a dejar que me pase lo que le pasó a mi mamá. No puedo —agregó sin poder contener las lágrimas.

—¿Y si te pide perdón?

—Ya lo hizo y lo perdoné de corazón, pero no voy a volver con él, ¿ustedes me apoyan?

—Claro que sí Marujita. No te habré tenido en mi vientre, pero eres la hija que nunca tuve y Mateo está de acuerdo en que te apoyaremos en todo lo que sea necesario.

—Entonces, acompáñame a la policía. A mí no me queda otra cosa que mi recuperar mi honor.

—Nosotros estamos contigo hijita…

**

Amanda y Mateo también estaban sufriendo las consecuencias de las mentiras de Enzo. Los clientes desaparecieron. La gente que normalmente entraba en en la tienda a tomarse un café con los Colina, ahora los evitaban cruzándose a la otra acera.

La situación de Maruja tampoco mejoraba. Apenas si salía de la casa por temor a toparse con Enzo. La gente también la evitaba. Todo el mundo parecía haber tomado el lado de Enzo. Después de un día sin clientes Mateo y

Amanda se disponían a cerrar, cuando Salvador entró a la tienda.

Salvador era un viejo amigo de los tiempos en España, cuando la dictadura franquista apretó su garra, mandando a cientos de miles de civiles a la cárcel o al exilio.

Salvador fue uno de los tantos que participó activamente en actos de la resistencia y su cabeza tenía precio. De no haber sido por Mateo y Amanda que le permitieron venirse con ellos, Salvador hubiera terminado sus días en la cárcel.

Cruzaron la frontera. Afortunadamente ninguno tuvo que perder el cuero en el intento, porque la policía buscaba a un hombre solo.

Santiago les quedó en deuda y mantuvo contacto con la familia. Él ayudó en todo lo que pudo cuando Amanda y Mateo decidieron abrir "La Cigüeña Dorada" y también cuando decidieron hacerse cargo de la pequeña Maruja. Los Colina habían caído en desgracia y era por eso que ahora Salvador se presentaba a dar sus respetos a la familia.

—¡Compadre! —Exclamó Mateo al ver a su viejo amigo— ¿Qué me lo trae por aquí?

—He escuchado las últimas acerca de Maruja y vine a ponerme a la orden, por shi me neshezitais.

—Maldigo la hora en que Enzo se le arrimó a mi hija! —dijo Mateo bajando la cabeza.

—¡Al toro hermano, que todo tiene

arreglo!

—No, esto no tiene arreglo, la botaron de la escuela y Maruja cuenta que unos chavales le han estado gritando cosas cuando la ven pasar. Si vieras cómo le dejó la boca a mi Maruja…

—Para empeorar las cosas, nadie compra en la tienda, —Agregó Amanda acercándose para recibir a Santiago.— ¿quieres una taza de café?

—Sí, no es mucha molestia… —respondió Salvador mientras ponía el periódico que traía bajo el brazo en el mostrador de la tienda.

—Con gusto… —Dijo Amanda, desapareciendo por la trastienda.

—¿Algo interesante? —Preguntó Mateo apuntando al periódico.

—Sí, ¿te acuerdas de Jimmy Hoffa? Yo no sabía que hoy, 30 de julio, hace exactamente un año de su desaparición. —Agregó Santiago mientras leía el titular de la noticia en el periódico.

—¿Hoffa? No.

—Hombre, por su puesto que sabes… El tío sindicalista americano que desapareció sin dejar rastro…

—Ahh. Él, sií. ¿Nunca apareció? —Preguntó Mateo mientras se rascaba la cabeza.

—No, la esposa lo reportó a la policía y lo único que encontraron fue el carro estacionado cerca del restaurante donde tenía la cita. ¡La gente desaparece! —Remató Santiago abriendo los brazos.

Maruja no tenía muchas ganas de salir a saludar al visitante, pero al escuchar la voz masculina salió a ver quien era. Ya en el pasillo, no pudo dejar de escuchar los trazos de conversación entre los dos hombres.

—¿Maruja? Pareces que estuvieras hipnotizada, ¿no quieres saludar a Mateo? Seguro que eso te va a subir el ánimo. —Le dijo Amanda quien portaba una bandeja con servicio de café.

Maruja saltó al escuchar la voz Amanda detrás de ella. Le devolvió una sonrisa de alivio.

—Déjame ayudarte con eso —y sin esperar respuesta, Maruja tomó la bandeja y se dirigió a la tienda a saludar a Santiago.

—Hola, Salvador, ¡qué gusto verte!

—Maruja, ¿cómo estás? —Respondió Salvador con voz tímida.

—Tratando de sobrevivir, a estas alturas te habrás enterado de todo... ¿cómo te gusta el café? —Le preguntó en un intento por cambiar la conversación.

—Negro, solamente hasta la mitad de la taza—dijo Santiago mientras se acercaba para tomar la taza de café.

Maruja le sirvió el café a todos y luego se dirigió a Mateo que estaba ojeando el periódico.

—¿Me lo prestas cuando termines?

—Ahora mismo, solamente estaba

leyendo los títulos. —Le respondió Mateo extendiéndole el periódico.

Maruja tomó el periódico y se alejó unos pasos, mientras leía con avidez la noticia de la primera página. Buscó el resto de la historia en las páginas de adentro y cuando estaba por terminar, escuchó que Santiago estaba por despedirse. Se le aproximó al grupo para entregarle el periódico a Santiago, y de repente lo apartó a un lado.

—Salvador, ¿podríamos hablar un minuto? —Preguntó Maruja con un dejo de urgencia en la voz.

Amanda y Mateo se miraron perplejos.

**

—¿Pronto?

—¿Hablo con el Sr. Tomaso Lombardi?

—Sí, ¿quién es?

—Un pajarito me dijo que usted está interesado en saber del paradero de Cesare Piccio, ¿no es así?

—¿Quién habla?

—Eso es irrelevante, lo que importa es la información que tengo.

—¿Por qué debería confiar en usted?

Hubo una pausa en del otro lado, un respiro lento y profundo.

—Cesare Piccio también me debe una.

**

—¿En qué podemos servirle "señorita"?, —enfatizó el teniente que las recibió en la comandancia de la policía.

Maruja y Amanda ignoraron el sarcasmo.

—No te hagas, que tú sabes por qué estoy aquí. Vengo a poner una denuncia.

—¿A quién vas a denunciar, a Enzo? —preguntó el teniente sonriendo mientras sacudía la cabeza.— ¡Siéntense ahí! —Dijo el teniente apuntando hacia unas sillas alineadas frente a la recepción.

Después de lo que pareció una eternidad, Maruja le comentó a su mamá:

—Están haciendo esto para ponernos de rodillas. No les des el gusto.

—Sí, pero ¿y si no te toman la denuncia? —Especulaba Amanda irritada por el tratamiento que los policías les estaban dando.

—¡Mira! —Exclamó apuntando a un policía que estaba leyendo el periódico con los pies sobre el escritorio.— ¡Esto es ridículo, me voy a la casa!

—Mamá, por favor, ignóralos, quédate conmigo —le suplicó.

Cuando ya estaban a punto de darse por vencidas, uno de los policías les hizo señas y las condujo a un salón que estaba prácticamente vacío. Una mesa de madera en el centro rodeada de cuatro sillas. Del techo colgaba una lámpara, y el bombillo parpadeaba una luz amarillenta que hacía el cuadro más lúgubre.

Los tres se sentaron alrededor de la mesa y el agente empezó a hacer preguntas, mientras tomaba notas en una hoja suelta. Hizo todo tipo de preguntas y no aseguró que la denuncia tuviera consecuencias para Enzo, debido a la falta de presupuesto y la necesidad de priorizar otros casos como robo u homicidio.

De cuando en cuando, el agente interrumpía para aclarar la historia de Maruja. Al terminar, el agente le hizo señas a otro colega para que las escoltara hasta la salida. Cuando él estuvo listo, apagó la luz del salón, arrugó el papel con las notas en una pelota de papel y la tiró al cesto de la basura.

**

—Necesito una taza de té. —Reconoció Amanda mientras se dirigía hacia la cocina.

—Yo también. —Dijo Maruja siguiéndole los pasos.

Cuando el agua hirvió, Amanda sirvió dos tazas hasta la mitad y luego tiró las bolsitas de té. Cortó el limón en forma de góndola y los puso a la orilla de cada plato. Se sentaron en la mesa y mientras daban tiempo a que el té se enfriara, daban pequeños sorbos a la infusión. Se escucharon ruidos provenientes de la sala. Maruja se puso seria y aguzó el oído.

—¿Oíste eso? —Preguntó Maruja en tono

grave.

—No tengas miedo, el único que puede ser es tu papá, que viene de la tienda. — reafirmó Amanda dándole palmaditas en la mano.

—¡Déjame ver quien es! —comentó Maruja y se fue por el pasillo hasta la sala.

—¡Tú! —Reprochó Enzo apuntando al verla. Los ojos inyectados de sangre— ¡Me denunciaste en la policía!

—¿Qué creías, que me iba a quedar con los golpes? —inquirió Maruja fingiendo una compostura que estaba muy lejos de sentir. El corazón estaba a punto de salirle por la boca y lo único que escuchaba eran los golpes de sus propios latidos.

Enzo avanzó y la agarró por los cabellos, mientras Maruja luchaba por soltarse tratando de no hacer ruido para evitar que Amanda apareciera en la sala.

—¿Maruja? ¿No te vas a tomar el té? — Preguntó Amanda desde la cocina quien ya iba en camino hacia la sala.

Al entrar, vio que Enzo tenía a su hija agarrada por los cabellos y la sacudía como una muñeca de trapo. Se llevó las manos a la boca para ahogar un grito. Corrió hacia su hija para zafarla de las manos de Enzo, pero él le salió al paso y de un empujón la mandó a un rincón de la estancia.

—¡Vas a retirar la denuncia así tenga que llevarte arrastrada! —Le dijo Enzo mientras la tomaba por el brazo y se dirigía hacia la puerta de salida.

—¡Nunca! —alcanzó a decir Maruja mientras luchaba por zafarse de su marido.

—¿Nunca? —Enzo se detuvo en seco, la miró unos segundos y le asestó un puñetazo que la alcanzó en la ceja derecha.

La sangre que manaba de la ceja de Maruja, salpicó la camisa Enzo y este irritado la soltó. Sobre la mesa del comedor había una pila de ropa doblada. Enzo agarró la primera prenda al alcance y se la puso con manos temblorosas a Maruja en la cara para secarle la sangre.

—¡Mira lo que me forzaste a hacer!

—Enzo, yo solo quiero que mi vida sea como antes.

—Eso sería ponerme en ridículo. —dijo Enzo restregándose la mano en el pantalón para secarse la sangre. Iba en camino hacia la salida.— Tú y tu familia —dijo Enzo haciendo un círculo con el dedo— se van a tener que desaparecer de La Neblina. —Abrió la puerta y se detuvo unos segundos a mirar a las dos mujeres. Se volvió para tomar el pomo de la puerta, pero el puño de una mano aterrizó en la base de la quijada y lo arrojó al piso.

Trató de levantarse, pero tuvo la impresión de que no estaba en su propio cuerpo. Estiró la mano para tener algún punto donde agarrarse, pero el esfuerzo le dio náuseas. Todo se puso borroso y lo último que vio fue dos pares de manos que trataban de levantarlo del suelo.

**

—¿Ustedes se volvieron locos? — preguntó Amanda al ver a su marido y a Salvador que acababan de derribar a Enzo de un solo puñetazo.

—¿Lo estás defendiendo después de todo lo que este majo ha hecho? —le preguntó Salvador

—Salvador, yo nunca creí que fueras capaz de golpear a nadie.

—Querida Amanda, no te imaginas las que tuve que hacer en España, cuando la dictadura. A este me lo cargo con gusto. ¡Déjamelo a mí! —dijo Salvador mientras tiraba de Enzo por las piernas.

—Salvador ya tenemos bastantes problemas. Yo no quiero que tú también sufras las consecuencias.

—A este pajarito le tengo una sorpresita. ¡Vamos, ayúdenme a meter al gilipollas este en el carro, que prometí entregarlo antes de que caiga la noche!…

—¿Qué le van a hacer? —preguntó Amanda tratando de detenerlos.

—Estamos asegurándonos de tener un futuro. —intervino Maruja.

—¿Cuál futuro, Maruja? La gente te llama zorra en la calle, te botaron de la escuela, nadie

compra en la tienda. ¡No tenemos futuro! —
Remató Amanda exasperada.

—Sí, por eso es que vamos a entregarlo,
para asegurarnos de que nunca más nos
moleste. —Le aseguró Mateo.

—¿Me van a ayudar o no? —preguntó
Salvador desde la puerta.

—Voy, voy —dijo Mateo corriendo hacia
la puerta a ayudar a su mejor amigo.

EPÍLOGO

MARUJA, AMANDA y Mateo estaban disfrutando un café en el aeropuerto de Copenhague mientras esperaban por Salvador. Hace casi tres meses fue la última vez que lo vieron en la casa de La Neblina. Mientras Amanda y Mateo conversaban, todos los acontecimientos del último día en La Neblina asaltaron a Maruja.

Después que Salvador y Mateo se habían llevaron a Enzo en el carro, Maruja aprovechó para contarle todo a Amanda.

—¡Mamá, tenemos que salir del país! — Anunció Maruja con tono grave. En Dinamarca están aceptando refugiados políticos provenientes de Chile.

—¿Qué tiene que ver Chile con todo esto? ¿Tienes idea de lo que Salvador y Mateo van a hacer con Enzo? —Inquirió Amanda sentándose al lado de su hija.

—Decidimos entregarlo a un contacto en Italia. Yo no fui la única víctima de Enzo Pirozzi. En Italia hay alguien que también le quiere ajustar unas cuentas de vieja data. — Hizo una pequeña pausa y continuó— A Enzo hay que detenerlo mamá —había dicho Maruja en voz baja mientras le tomaba la mano a su mamá.

—O sea, que es probable que Enzo muera…

—Enzo está cosechando lo que sembró, mamá.

Hubo un silencio pesado que ninguna de las dos parecía dispuesta a romper.

—¿Cómo es eso de los pasaportes chilenos? —Había preguntado Amanda.

—Fue idea de Salvador, que conocía a un chileno que escapó de los esbirros de Pinochet. Al parecer, él es bueno falsificando documentos. ¿Te acuerdas de la última vez que Salvador vino a la tienda y ustedes se quedaron perplejos porque yo le pedí hablar en privado?

Amanda asintió.

—Digamos que tomé inspiración de lo que leí ese día en la prensa acerca de la desaparición de Jimmy Hoffa.

—¿Qué vamos a hacer, si tenemos problemas con las autoridades danesas?

—Yo estoy más que dispuesta a correr el riesgo —había dicho Maruja mirando directo a los ojos a la mujer que era como su madre.— Todo va a ser incierto, cuando lleguemos allá. Idioma nuevo, cultura nueva, todo… La pregunta es si ustedes están dispuestos a dar el salto conmigo.

—Tú eres la hija que nunca tuve. Por supuesto que estoy contigo —se abrazaron— Me parece mentira que tu sola haya hecho todo esto.

—Bueno, no lo hice yo sola. Gracias a Mateo y Salvador todo esto es posible. Lo hice debido a la niñez que tuve, y porque sé que entre Enzo y Concetta nos van a hacer la vida imposible, como si ellos fuesen los dueños de La Neblina. Esto es producto de la desesperación. ¿No te parecen razones suficientes?

—Sí hija, tienes razón.

—Bien, tenemos que empacar lo esencial y salir hacia el consulado de Dinamarca donde el contacto de Salvador nos está esperando. Salvador fue quien hizo todos los arreglos y se va a reunir con nosotros en Copenhague dentro de unos meses.

El sonido de la puerta de doble hoja al abrirse, le recordó que estaba en el aeropuerto. Un grupo de pasajeros empezó a moverse lentamente con miradas atentas en todas direcciones para reencontrarse con los seres queridos que los esperaban en este lado del mundo. La primera ola se dispersó, dando paso a una segunda ola, y ya no quedaban muchos por los pasillos cuando una pareja rezagada marchaba charlando animadamente. Maruja reconoció al amigo de sus padres.

Mateo y Amanda se levantaron de un salto y empezaron a hacer señas para que Salvador no se perdiera en el tumulto. Salvador se despidió de la dama y se acercó a los tres. Al acercase, Salvador abrazó a Mateo, luego a Amanda y por último a Maruja.

— ¿Plan Hoffa? — preguntó Salvador.

— Plan Hoffa — repitió Maruja con voz quebrada.

A más de dos mil kilómetros de Copenhague, ese mismo día, se develaba un extraordinario mosaico bizantino que representaba la imagen de La Virgen María con el niño Jesús en el regazo. El benefactor anónimo pidió que la obra se erigiese en el célebre pasaje Corso Umberto.

Acerca del Autora

Belangela G. Tarazona nació en Caracas, Venezuela, es la cuarta de cinco hermanos. Nacida en el seno de una familia de lectores, Belangela descubrió su amor por los libros, devorando las obras de Gabriel García Marquez, George Eliot, Geoffrey Chaucer, Homero, Virgilio, Rómulo Gallegos, Leon Tolstoi, Miguel de Cervantes, Sir Walter Scott, Anton Chejóv, Mark Twain y Charles Dickens, entre muchos otros. El deseo de escribir historias siempre ha estado latente.

Belangela es la autora multi-género de El Niño del Alba (no ficción), Los cuentos presentados en esta obra y Un Mundo Mejor (ficción).

Belangela ha recibido ayuda monetaria de la Fundación "Rieck-Andersens Familiefond" para traducir El Niño del Alba al Danés. Ella vive y escribe en Frederiksberg, Dinamarca, junto con su esposo e hijo.

Visite a Belangela G. Tarazona en la web: www.bg-tarazona.net

www.ingramcontent.com/pod-product-compliance
Lightning Source LLC
Chambersburg PA
CBHW060512030426
42337CB00015B/1866